U0943284

发展经济学通俗读本

The Development Economics for Popular

谭崇台　王爱君・编著

江苏人民出版社
江苏凤凰美术出版社

图书在版编目(CIP)数据

发展经济学通俗读本/谭崇台,王爱君编著. —南京:江苏人民出版社,2017.8

ISBN 978-7-214-21191-0

Ⅰ. ①发… Ⅱ. ①谭… Ⅲ. ①发展经济学—通俗读物 Ⅳ. ①F061.3-49

中国版本图书馆 CIP 数据核字(2017)第 208028 号

书　　名	发展经济学通俗读本
编　　著	谭崇台　王爱君
责任编辑	张惠玲
装帧设计	刘葶葶
责任监制	王列丹
出版发行	江苏人民出版社 江苏凤凰美术出版社
出版社地址	南京市湖南路 1 号 A 楼,邮编:210009
出版社网址	http://www.jspph.com
照　　排	江苏凤凰制版有限公司
印　　刷	江苏凤凰扬州鑫华印刷有限公司
开　　本	890 毫米×1 240 毫米　1/32
印　　张	7.5　插页 1
字　　数	150 千字
版　　次	2017 年 11 月第 1 版　2017 年 11 月第 1 次印刷
标准书号	ISBN 978-7-214-21191-0
定　　价	32.00 元

总　序

纵观党的历史，我党始终高度重视实践基础上的理论创新，坚持用理论创新成果武装全党，教育人民，引领前进方向，凝聚奋斗力量。七十多年前，著名的马克思主义哲学家艾思奇撰写的通俗著作《大众哲学》，引领一代又一代有志之士选择了正确的人生道路，影响了中国几代读者。

党的十八大以来，习近平总书记把握时代发展新要求，顺应人民群众新期待，提出了一系列新思想、新观点、新论断、新要求，这些推进理论创新的最新成果用朴实、生动的语言，以讲故事、举事例、摆事实的方式与人民同频共振、凝聚共识，增强了人民群众对中国特色社会主义理论体系的认同感和知晓度，凸显了当代中国马克思主义大众化、群众性的基本特征，成为新时期理论创新大众化的新典范。

高等学校学科齐全、人才密集、研究实力雄厚，是推进马克思主义中国化时代化大众化、普及传播党的理论创新成果的重要阵地。汇聚高校智慧，发挥高校优势，大力开展优秀成果普及推广，切实增强哲学社会科学话语权，是高校繁荣发展哲学社会科学的光荣任务、重大使命。

2012 年，教育部启动实施了哲学社会科学研究普及读物项目。通过组织动员高校一流学者开展哲学社会科学优秀成果普及转化，撰写一批观点正确、品质高端、通俗易懂的科学理论和人文社科知识普及读物，积极推进马克思主义大众化，阐释宣传党的路线方针政策，推广普及哲学社会科学最新理论创新成果，让中国特色社会主义理论体系和党的路线方针政策，更好地为广大群众掌握和实践，转化为推进改革开放和现代化建设的强大精神力量。与一般意义的学术研究和科普类读物相比，教育部设立的普及读物更侧重对党最新理论的宣传阐释，更强调学术创新成果的转化普及，更凸显“大师写小书”的理念，努力产出一批弘扬中国道路、中国精神、中国力量的精品力作。

实现中华民族伟大复兴的中国梦必将伴随着哲学社会科学的繁荣兴盛。我们将以高度的使命感和责任感，坚持学术追求与社会责任相统一，坚持正确方向，紧跟时代步伐，顺应实践要求，不断加快高校哲学社会科学创新体系建设，为不断增强中国特色社会主义道路自信、理论自信、制度自信，推动社会主义文化大发展大繁荣作出更大贡献！

教育部社会科学司

2014 年 4 月 10 日

前言：让发展经济学理论更加深入民间

发展经济学是研究发展中国家经济增长和经济发展问题的学科，是第二次世界大战后在西方经济学体系中逐渐形成的一门新兴学科。20世纪80年代，发展经济学被引入中国以后，为中国改革开放以来的经济发展作出了突出的贡献，中国突飞猛进的现代化发展也为发展经济学这门学科注入了新的生机。

本书作为普及性读物，尽量使用通俗的语言文字和图表，来表达学术性深奥理论，向更多的非从事经济学研究或不具经济学专业背景的普通民众，普及发展经济学的专业化知识，以期望发展经济学的学术研究及其发展能够更接地气、更兼有民间本色，以期望中国普通民众的生活能够越来越多地进入庙堂之上的学术研究之巅。

发展经济学经过战后70多年的发展，已经成为一门比较成熟的学科，其内容及理论观点也日益博大精深。鉴于本书是为了向普通民众普及发展经济学基本理论，而不是关于学术理论创新的专著，本书的内容主要侧重于对既有的、具有很强代表性、而且与中国经济实践有密切联系的发展经济学理论及观点，进行通俗化解读，而不是包罗万象地囊括所有的发展经济学理论。有的章节是按照不同作者的观点进行分类比较，有的章节是按照不同理论之间的逻辑关系进行解读。

基于上述写作安排，本书第一章分别解释了经济增长与经济发展之间的关系，以及 21 世纪的经济发展目标应该如何理解。当普通民众所理解的国家宏观战略经济发展目标与自身追求幸福生活的目标是一致的，实现这样的目标就更有力量。第二章是从逻辑上延续第一章对经济发展目标的理解，用简单的语言介绍历史上著名经济学家关于经济发展的经典理论。

无论发展中国家选择怎样的发展战略，工业化道路和技术创新是绕不过去的坎，第三章、第四章重点解释了几种经典的工业化理论和技术创新理论，这些不同观点不仅在理论上有举足轻重的地位，也对过往的发展中国家经济政策起了指导性作用，有的理论现在仍然具有较强适用性和借鉴意义。

技术进步需要优质的人口资源来承接，中国是一个人口大国，解决了 13 亿人口的穿衣吃饭问题和安居乐业问题，那么中国的经济发展问题也就得到了比较好的解决。本书的第五章、第六章内容涉及了人口增长、农业人口向城市迁移、以及城市人口扩张及城市病问题等。

在追求富裕生活的过程中，有的人快速地致富了，有的人还是一如既往地一贫如洗，社会财富的增长并不能自动地平均分配给每个人，甚至可能出现富者愈富贫者愈贫的两极分化。幸福者是一样的幸福，而贫困者却有着各自不同的贫困，如何衡量贫困或者解决贫困问题，既是当今政策的重点也是学术研究的重点。本书第七章对解释贫困的基本理论作了通俗叙述。

在开放的国际背景下，谋求进步的国家必然要参与到国际经济往来中，对外贸易与对外投资既促进国内的经济发展，也为世界经济的共同进步作贡献。本书第八章结合中国实践，以数据图文的方式解释了国际投资理论。

当然，发展经济学经典理论并不止以上所述，中国国内、国际上有许许多多的学者正在从不同的视角，使用不同的方法来帮助发展中国家人民摆脱贫困走向美好生活，而普通大众也在用自己的方式参与到美好生活建设中。学术研究与民众生活并不是分割的，而是具有必然内在联系的，本书希望用通俗化语言来进一步强化这种联系。武汉理工大学经济学院余珮副教授写作了第八章，武汉大学经济与管理学院王今朝教授协助处理了本项目的事务性工作。

目 录

第一章　经济发展的内涵与目标

第一节　经济发展的内涵

一、什么是经济增长

经济增长指社会财富即社会总产品量的增加。一般用实际的国民生产总值(GNP)或国内生产总值(GDP)的增长来表示。所谓“实际”是指扣除物价变动因素所产生的GNP或GDP,一般用年度GDP或GNP的变动来反映一国国民产品量的真实变动。用实际的GNP或GDP除以一国总人口,便得到人均GNP或人均GDP。它是反映一国富裕程度的一个主要指标。因此,GDP或GNP的增长率也被指为经济增长率。

经济增长率的计算方法是，设 Y_t 为本年度的经济总量，Y_{t-1} 为上年所实现的经济总量，则经济增长率（G）就可以用公式 $G=(Y_t-Y_{t-1})/Y_{t-1}$ 来表示。

由于 GDP 中包含了产品或服务的价格因素，而价格是不断变动的，同种物品在不同年份的价格也不同，因此在计算 GDP 时，用本年度价格计算 GDP 被称为名义 GDP，用某一基年价格（不变价格）计算的 GDP，被称为实际 GDP。用本年度现价计算的 GDP，可以反映一个国家或地区的经济发展规模，用不变价格计算的 GDP，可以用来反映经济增长的速度。

根据国家统计局的数据，1995—2014 年的中国 GDP 总量变动及 GDP 增长率的变动情况，可以用下面图表反映出来。

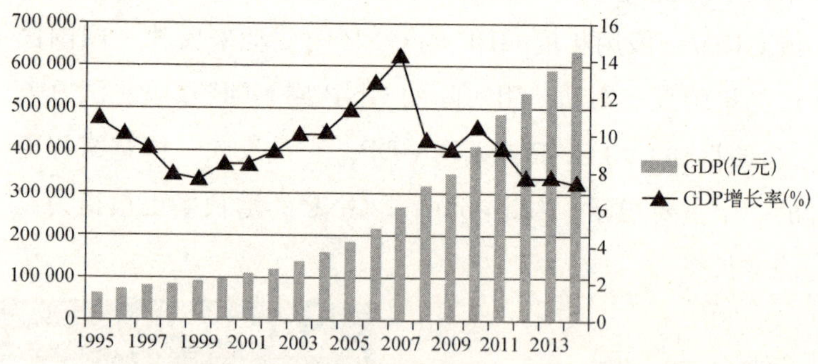

图 1　1995—2014 年中国 GDP 与 GDP 增长率变化图

二、什么是经济发展

经济发展是指通过提高和扩大生产力水平，实现国民生产总值可持续发展，人均收入和经济福利水平提高，社会、政治和经济制度的结构优化，减少和消除贫困。

经济发展不仅意味着产出增长，国民经济规模的扩大，还意味着经济和社会生活质量的提高，即经济、社会和政治结构发生变化，并得以改善，包括人口增长结构、投入产出结构、产业比重、分配状况、消费模式、社会福利、文教卫生、人民参与等变化，是在经济增长的基础上实现经济结构的优化、社会文明的进步和社会制度更加完善。

经济发展的内涵比经济增长更为广泛，既包含数量增长（即经济增长）又包含质量变化（即结构优化）。就当代经济而言，发展的含义相当丰富复杂，一般来说，经济发展至少包括三层含义：

第一层，经济总量的增长，即一个国家或地区产品和劳务的增加，它构成了经济发展的物质基础。也就是要实现GDP总量的连续性增长，如果出现GDP的衰退或倒退，那么经济发展也就不可行了；第二层，经济结构的改进和优化，即一个国家或地区的技术结构、产业结构、收入分配结构、消费结构以及人口结构等经济结构的变化。这就是要有技术的进步，物质生活水平提高，劳动力人口与被赡养的人口比例适度。第三层，经济质量的改善和提高，即一个国家和地区经济效益提高，经济稳定程度高、民众卫生健康状况改善、自然资源与生态环境平衡以及政治、文化和人的现代化进程有序。这三层应该是层层推进关系，第一层是基础，由第一层带动了第二层，第二层也带动了第三层；反过来，第三层又带动了第一层和第二层。

经济发展是一个包含有数量与质量的复杂改变过程，用以衡量经济发展的指标,是对多种指标的综合考量后的指标体系,可以包括教育水平、医疗健康水平、消费水平、贫困人口、环境治理等多方面指标。

三、何谓有增长无发展

1. 无工作的增长

经济在快速增长,GDP 总量在不断上升,但是没有找到工作的人口数量也在增长。工作意味着生活保障,没有工作就等于剥夺了一个人的生活和发展的能力,以及损害尊严和自尊。无工作的人数增长意味着经济的增长只让部分人获得了好处,许多穷困者并没有从经济增长中得到改善。

2. 无声的增长

经济总量在增加,GDP 增长势头明显,但民众或普通百姓参与表达自己观点、意见的机会在减少,甚至没有机会表达,民众在公共事务参与中是没有任何声音的。无声的增长,意味着一个社会的独裁。

3. 无情的增长

虽然经济增长较快,但收入分配不公等反而严重,经济增长的利益大部分落入少数人的腰包,大多数人的境况在变坏,穷人的状况日益恶化。对于穷人来说,这样的增长是很无情的。

4. 无根的增长

经济在不断增长,但是某些传统文化或者民族文化在经济增长中被强势文化所覆盖或消灭,多样性的文化在 GDP 增长中被逐渐减弱,导致某些弱势民族或文化失去了自己曾经的文化之根。

5. 无未来的增长

指不顾自然资源耗竭和人类居住环境的恶化而换来经济总量的增长。GDP 总量在不断上升，但同时环境污染日益加重，自然资源也日益枯竭，人类赖以生存的空气/水资源等遭到恶劣破坏，把子孙后代赖以生存的环境资源在短期内快速耗尽，这样的经济增长是不可能长期维持下去的、也不值得持续下去的。

以上五种情况说明，有了经济增长，但不一定就会随之出现经济发展，经济增长不等同于经济发展。一味地追求经济增长，而忽视其他的社会发展层面，则可能导致一个国家的政治独裁、贫困加剧、环境恶化、健康恶化等，最终导致经济增长的停滞。

四、经济发展的测算指标之一：人类发展指数

当前国际上衡量经济发展的一个代表性指标是人类发展指数（HDI——Human Development Index）。该指标由联合国开发计划署（UNDP）在《1990 年人类发展报告》中提出，用以衡量联合国各成员国的经济社会发展水平。

人类发展指数由寿命、教育程度和生活水准三个指标构成，三个指标的权重均相等。其中，寿命指出生时的预期寿命；教育程度由成人识字率（2/3 权数）＋小学、中学、大学综合入学率（1/3 权数）构成；收入水平指收入或生活水准，由人均实际 GDP（按购买力平价和收入边际效用递减原则调整）构成。

每个指标均设定了最小值和最大值，出生时预期寿命最小值 25 岁，最大值是 85 岁；成人识字率的最小值是 0%，最大值是 100%，它由 15 岁以上识字者占 15 岁以上总人口的比率计算得出。综合入学率的最小值是 0%，最大值是 100%，由学生总人数占 6 至 21 岁总人口的比率（依各国教育系统的差异而有所不同）计算得出。实际人均 GDP 的最小值是 100 美元，最大值是 4 万美元，根据购买力评价计算得出。

2009 年以前，人类发展指数的计算方法是：

指数值=（实际值－最小值）/（最大值－最小值）

预期寿命=（LE－25）/（85－25）

教育程度=（2/3）* ALI+（1/3）* GEI

成人识字率（ALI）=（ALR－0）/（100－0）

综合粗入学率（GEI）=（CGER－0）/（100－0）

收入指数=［ln（GDPpc）－ln（100）］/［ln（40000）－ln（100）］

以上出现的字母缩写含义：LE，预期寿命；ALR，成人识字率；CGER，综合粗入学率；GDPpc：人均 GDP（由购买力平价测算的美元值）。

根据这种方法计算的人类发展指数，被分为三个组别：高人类发展水平（0.08—1），中等人类发展水平（0.51—0.79），低人类发展水平（0—0.50）。

2010 年以后，对人类发展指数的计算方法进行了调整，计算方法为：

预期寿命指数（LEI）$=\frac{LE-20}{83.2-20}$，

$$教育指数(EI)=\frac{\sqrt{MYSI \cdot EYSI}-0}{0.951-0},$$

$$平均学校教育年数指数(MYSI)=\frac{MYS-0}{13.2-0},$$

$$预期学校教育年数指数(EYSI)=\frac{EYS-0}{20.6-0},$$

$$收入指数(II)=\frac{\ln(GNIpc)-\ln(163)}{\ln(108,211)-\ln(163)},$$

人类发展指数值为三个基本指数的几何平均数，即 $HDI=\sqrt[3]{LEI \cdot EI \cdot II}$。

上述字母缩写含义如下：

LE：预期寿命；MYS：学校教育年数（一个大于或等于 25 岁的人在学校接受教育的年数）；EYS：预期学校教育年数（一个 5 岁的儿童一生将要接受教育的年数）；GNIpc：人均国民收入。

2010 年对计算方法的调整，表明对人类发展指数的测算标准做了修订，把原来的成人识字率与入学率调整为平均教育年数和预期教育年数，这是因为经过近 20 年的发展，各国的成人识字率都已经提高，差异不大，已不能够区分各国的教育差异。

对收入的计算，也由购买力计算的人均 GDP，修改为由购买力计算的实际人均 GNI。计算函数由原来的算术平均修订为几何平均。采取几何平均的计算方法后，把原来的统计指标转换为指数，这样三个指数分别是寿命指数、教育指数与收入指数。

根据 2010 年的新方法计算得出人类发展指数被分为四

组:极高人类发展水平(0.80—1),高人类发展水平(0.70—0.79),中等人类发展水平(0.55—0.69),低人类发展水平(0.55以下)。新分类中,把原来的中等发展水平组进行了重新分解,这样过去被划定为中等发展水平的部分国家(指数值在0.70以上的),被归入了高发展水平行列,比如中国。而瑞典、挪威等发达国家,其人类发展指数一直都处于0.80以上,这些国家由原来的高发展水平调整为极高发展水平。

五、经济发展的测算指标二:性别不平等指数

1. 性别发展指数(Gender-Related Development Index,GDI)

联合国《1995人类发展报告》创设了性别发展指数这个词,用来衡量各国的男性与女性的性别平等。该指标的计算方法与当时的人类发展指数相同,只是把人类发展指数的各个指标分别设立为男性、女性,这样就形成了:两性出生时预期寿命、两性平均受教育程度、两性的收入水准。指标值介于0—1之间,指标值越高越佳。

2. 性别不平等指数(Gender Inequality Index,GII)

联合国《2010人类发展报告》调整人类发展指数的计算方法时,把性别发展指数及其计算方法也同时进行了调整,把指标名称修订为"性别不平等指数",测算方式及其指标构成也做了相应的调整,把寿命、教育和收入三个指标修订为三个维度五个指标,即:健康维度(孕产妇死亡率、未成年人生育率)、赋权维度(国会议员即政府机构中的女性比例、中等以上教育程度者占25岁以上人口的比例)、劳动力市场维度(两性劳动力参与率)。新的指标取值0—1之间,指标值越

低说明男女两性越平等，指标值越高表示越不平等，0 表示男女两性非常平等，1 表示完全不平等。

新指标与原来指标相比，更多体现了对女性的关注。比如，影响女性健康的一个关键因素是生产及其相关的照料，孕产妇的死亡率下降，能够反映出女性在经历生产过程中所获得的陪护和关照。而未成年人（14—19 岁）的生育，反映出年轻女性因生育而放弃继续接受教育的机会，进而影响她们未来的收入增长能力。

经济的发展更多体现在社会公正、公平和人文进步上，一般而言，与发达国家相比，不发达国家对女性的歧视更为严重，性别不平等更为明显，因此，性别不平等指数也是反映一个国家经济发展水平的重要指标。

当然由于数据的不易获得性，某些关于性别不平等的重要数据并没有包含在这个指数中，比如男性与女性在家庭资产所有权的差异、土地所有权的性别差异、妇女遭受的家庭暴力、妇女在社区事务的公共参与决策等，这些方面的数据并不容易找到，所以女性在这些方面所遭受的性别歧视和性别不平等待遇，并不能从性别不平等指数中反映出来。中国农村经历了 30 多年的土地改革后，妇女土地权益问题、离婚妇女失地现象，农村妇女为了生育男孩而多次流产或引产所带来的身心损害等，都无法从性别不平等指数中反映出来，而对于中国妇女所遭受的家庭暴力问题则更无法进行数据的统计。

3. 社会制度与性别指数（Social Institute and Gender Index，SIGI）

2009 年经合组织（OECD）发展中心第一次发布了社会

制度与性别指数，以衡量世界上 160 个国家或地区在社会制度（正式和非正式的法律，社会规范和实践）方面对妇女的歧视。在女童和妇女的各个生命阶段中，交叉存在着歧视性的社会制度，比如，限制她们获得公正、权利和赋权的机会等。受到潜在性别不平等意识的驱使，在教育、就业和保健等发展领域，长期存在着歧视女性的社会制度，并导致男女两性的性别差距，阻碍以权利为基础的、有利于男女双方共同进步的社会变革。

与性别不平等指数的构成不同，SIGI 指数侧重于从歧视性社会制度方面进行思考，比较不同国家对女性的歧视程度。这个指标的核心是由影响妇女经济生活的主要内容构成，包括五个维度：歧视性家规（Discriminatory family code），变量指标有：法定婚龄、早婚、父母干涉子女婚姻的权威、（女性）财产继承权；人身安全的限制（Restricted physical integrity），指标包括：针对妇女的暴力、割礼、生育自主；偏好儿子（Son bias），指标有：失踪妇女，生育男孩意愿；资源和资产的限制（Restricted resources and assets），指标有：安全获得土地资产、安全获得非土地类资产、获得金融资产）；公民自由的限制（Restricted civil liberties），指标包含：参与政治的渠道、表达政治的声音。

SIGI 指数值取值 0—1 之间，指数值越低，说明对女性的歧视越少，指数值越高，说明对女性的歧视就越大，0 表示对女性无歧视，1 表示对女性有完全的歧视。该指数通过对 160 个国家的数据分析，为促进性别平等和妇女赋权、社会进步提供强有力的理论依据。但并不是每年都能够完整获得所有国家的全部数据，因此，在发布 SIGI 年度指标时，会出现个别国家或地区的数据不完整。

第二节　经济发展的目标

一、发展、人类发展与经济发展

一般认为发展包含的内容比经济发展更宽，实际上，发展是指人的全面发展，而经济发展只是指经济结构的变化和人的物质文化生活水平的提高。

邓小平说："发展是硬道理。"这里的发展指经济增长。胡锦涛提出科学发展观，这里的发展主要是指经济、社会、环境、城乡和区域协调发展，指人的全面发展。

丹尼斯·古雷特（Denis Goulet）认为，发展包含有三个核心内容：生存、自尊和自由。

生存：维持生存的资料包括食物、住所、健康和保护。满足这些需要，必须要增加收入，消灭贫困，增加就业机会，减少收入不平等。

自尊:是指人要被当人来看待。人在社会上要感到受人尊重,而不是被作为工具。现代社会通常把获得物质财富作为实现自尊的形式。

自由:是指从物质生活条件中被解放出来。自由意味着社会及其成员选择范围的扩大,或者限制范围的缩小。财富可以使人获得对周围环境更大的控制力,获得更多的闲暇,得到更多物质产品和服务。自由也包含表达自由、参与社会活动和公共事务的自由。

人类发展(human development):一切以人为中心,着重于人类自身的发展,认为增长只是手段,而人类发展才是目的。人类发展不仅包含物质生活质量、生活环境的改善,还包括文化和政治生活的改善。本质是选择自由度的扩大,包含物质选择范围的扩大。人类发展主要体现于人的各种能力的扩大:延长寿命、享受健康身体、获得更多知识、拥有充分收入来购买各种商品和服务、参与社会公共事务。这些能力的提高需要社会总产品的增加,需要经济增长。

从1990年开始,联合国发展计划署每年发表“人类发展报告”,对世界各国的人类发展状况进行评估和比较,目的是使国际学术界和各国领导人把发展的目标从单纯的经济增长转到人类发展上来。经济增长不一定导致经济发展,即使经济增长带来了经济发展,但也不一定导致人类发展。

选择自由的扩大：

收入水平提高以后，

可以选择劳动，也可以选择闲暇；

可以选择购买房子，也可以选择购买汽车；

可以选择在家休息，也可以选择外出旅游；

可以选择在农村生活，也可以选择在城市居住；

可以选择上学读书和培训，也可以选择工作；

可以选择从商，也可以选择从教、从政。

穷困者：

想休息、想去旅游、想去读书，却没钱维持基本生活，要工作、挣钱养家糊口。

更多的选择：

可以选择自己的领导人；

参加社会公共事务，对各种事情自由地表达自己的观点；

可以参加任何宗教、党派和团体；

可以选择自己所喜爱的文化生活方式，等等。

二、阿玛蒂亚·森的“自由与发展”理论

阿马蒂亚·森将自由与发展联系起来。证明自由促进发展，而缺乏自由、压制自由阻碍发展。作为发展手段的自由，分如下五种：

第一，政治自由。真正的民主政治，要求民众具有公民权与政治权利，以便为有效的平等参与提供空间。如果没有诸如参加社团或者表达意见等政治自由，人们的生活选择将会大大减少。

第二，经济机会。个人享有的、运用其经济资源，进行消费、生产和交换的机会。市场经济为这种自由提供充分的机会。

第三，保健、教育等社会安排，影响个人赖以享受更好生活的实质自由。就教育来说，不仅是人力资本投资，而且在于培养人作为人的能力，培养自由的能力。

第四，透明性保证。人们在交往过程中，需要拥有信息公开性、信息分享和信息准确性的保证。对于公共事件，享有透明、公开的信息。

第五，保护性保障。为那些遭受灾难，或遭受其他突发性困难的人，收入处于贫困线以下的人，以及失去劳动能力的人，提供社会安全网。

阿玛蒂亚·森认为，自由的含义指“个人拥有的按其价值去生活的机会与能力”，包括法定的自由权利和获取某种福利的法定资格。自由是发展的首要目标，也是促进发展不可或缺的重要手段。

经济发展最终应该归结为人们“是什么”和“做什么”，例如人们是否健康长寿，能否读书写字、相互沟通等等。这些直接与他们的权利相关联，而不是与经济的总供给和总产出相关的。经济发展过程应该被看作是人们权利扩展的过程。

三、科学发展观①

科学发展观是前任中共中央总书记胡锦涛在2003年7月28日的讲话中提出的思想，在中国共产党第十七次全国代表大会上写入党章，成为中国共产党的指导思想之一。

科学发展观是坚持以人为本，全面、协调及可持续的发展观。“第一要义是发展，核心是以人为本，基本要求是全面协调可持续，根本方法是统筹兼顾。”

“以人为本”是科学发展观的本质和核心。以人为本的概念是“要把人民的利益作为一切工作的出发点和落脚点，不断满足人们的多方面需求和促进人的全面发展”。尊重人民主体地位，发挥人民首创精神，保障人民各项权益，走共同富裕道路，促进人的全面发展。具体包括四个方面：

第一，在经济发展的基础上，不断提高人民群众物质文化生活水平和健康水平；第二，尊重和保障人权，包括公民的政治、经济、文化权利；第三，不断提高人们的思想道德素质、科学文化素质和健康素质；第四，创造人们平等发展、充分发挥聪明才智的社会环境。

科学发展观的基本要求，是“全面、协调、可持续”，坚持以经济建设为中心，抓住机遇加快经济发展，保持平稳较快的经济发展势头，要把加快经济发展建立在优化结构、提高质量和效益的基础上。

---

① 资料来源：《树立和落实科学发展观》，源自人民网 http://theory.people.com.cn/GB/40557/55596。

坚持生产发展、生活富裕、生态良好的文明发展道路,建设资源节约型、环境友好型社会,实现速度和结构质量效益相统一、经济发展与人口资源环境相协调,使人民在良好生态环境中生产生活,实现经济社会永续发展。

坚持“五个统筹”:统筹城乡发展、统筹区域发展、统筹经济社会发展、统筹人与自然和谐发展、统筹国内发展和对外开放。在中共十七大上,胡锦涛在其报告中又加上了第六个统筹要求:“统筹国内国际两个大局。”

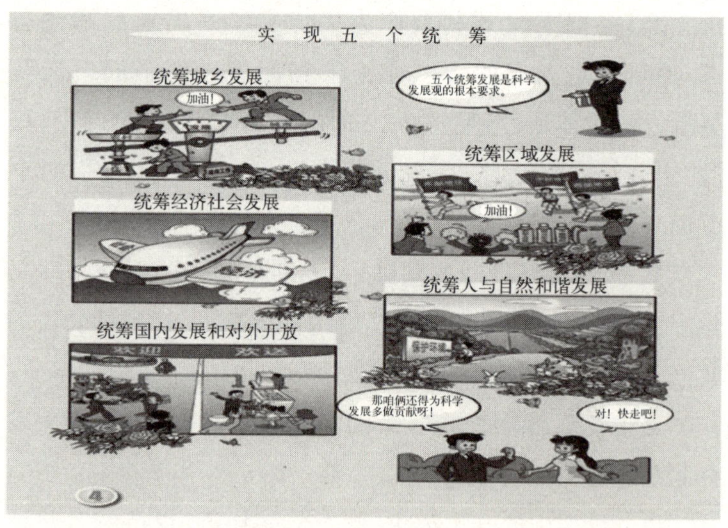

四、国民幸福感

1. 幸福悖论

美国南加州大学经济学教授理查德·伊斯特林(Richard A. Easterlin),在1974年的著作《经济增长可以在多大程度上提高人们的快乐》中指出,人均收入的高低,同平均快乐水平之间没有明显的关系。其次，在收入达到某一点以前，快乐随收入增长而增长，但超过那一点后，这种关系却并不明显。第三，在任何一个国家内部，人们的平均收入和平均快乐之间也没有明显的关系。

伊斯特林的研究结论是，收入增加并不一定带来快乐增加。当人们的收入处于极低状态时，收入增加可以带来幸福快乐的提升，当收入增加到一定的水平后，再继续增加收入并不带来幸福快乐。在特定国家内部，一般而言，高收入人群比低收入人群更可能觉得幸福；但在国际比较中，居民平均收入水平与平均幸福水平之间并没有多大关系，至少对那些能充分满足基本需求的国家而言是这样；而且，提高所有人的收入，并不必然会提高所有人的平均幸福水平。后来的研究者将此称为“伊斯特林悖论”(Easterlin Paradox)或“幸福悖论”。

> 斯密说，如果我们每个人心里的幸福都是同一种，那么我们也就拥有了一颗装满他人幸福的心。财富不能带来幸福，而个人、团体的幸福感会促进财富积累。
>
> 亚里士多德说，“幸福”或者好生活是一种进行中的生活方式，一种以德行为目的的行为。

2. 影响幸福感的因素

第一，个人特征。自尊、自控、乐观、外向和精神健康等因素。有些人有一种幸福或不幸福的基因趋向，这些趋向归结于个人神经系统的先天差异。期望自己生活更美好的人，往往更努力工作，而乐观主义者更容易实现这一目标。外向型的人比内向型的人更积极主动寻求社会活动，反应态度更为积极、更乐观幸福。

第二，人口因素。年龄、性别、婚姻与健康。一些经济学家发现幸福与年龄之间呈 U 型关系：在其他因素既定前提下，40 岁时幸福感最低，小于 40 或大于 40 岁时都比较幸福。老年人的期望与抱负比较低，目标与现实之间的差距相对较小，会适时调整自己的情形，调节与控制消极影响，所以老年人的幸福感比中年人高。

> 拿破仑曾羡慕恺撒，恺撒曾羡慕亚历山大；我敢说亚历山大曾羡慕过从未存在的赫里克斯，因而你不能单独通过成功的方式完全消除羡慕，因为在历史或传说中总会存在一位比你更成功的人士。
>
> ——罗素

一些研究显示，女性自我报告的幸福水平高于男性，但二者之间的差别不是很大。女性更愿意合作，更愿意遵守规则，这使得女性的好斗、悲伤心理相对低，女性会自我感觉幸福多些。

良好健康能够导致幸福，幸福人士往往也有较好的健康;拥有朋友、伙伴、亲戚以及某个团体的组成部分,有助于提升一个人的幸福感。

工作环境、工作条件、工作压力与同事之间的人际关系,也会影响一个人的幸福感。

第三,绝对收入。总体来看,在不同国家,收入与幸福是相辅相成的。在那些贫穷国家,收入的增加会提高人们的主观幸福水平。在富足的国家,享受更高质量的食品、清洁的饮用水、更高更普及的教育、更好的医疗健康服务、更长的寿命、更好的性别均衡、对人权更加尊重,被视为提升幸福感的主要因素。

3. 全球幸福感排名

可持续发展解决网络(the Sustainable Development Solutions Network,SDSN)于 2012 年起开始制作《世界幸福报告》(*World Happiness Report*),2012 年、2013 年分别发布了第一期和第二期,2015 年 4 月 23 日发布了第三期。该报告由英属哥伦比亚大学社会学教授约翰·F. 海利威尔(John F. Helliwell)、伦敦政治经济学院福利项目研究中心主任拉亚德(Lord Richard Layard)和哥伦比亚大学教授萨克斯(Jeffrey D. Sachs)联合制作,通过人均 GDP、人均寿命、慷慨指数、社会支持度、自由度和腐败程度六大要素测算社会的整体幸福程度。

2015 年在全球 158 个国家和地区里,幸福感最高的为瑞士,得分是 7.587 分,最低的是多哥,得分 2.839,中国香港排名 72,中国(大陆)排名第 84,位居 158 个国家的中间。

2015 年世界幸福感排名①

排名（前 15 名）	国家	得分	部分亚洲国家和地区	国家	得分
1	瑞士	7.587	46	日本	5.987
2	冰岛	7.561	47	韩国	5.984
3	丹麦	7.527	72	香港	5.474
4	挪威	7.522	84	中国	5.140
5	加拿大	7.427	排名倒数 10 位的国家	国家	得分
6	芬兰	7.406	149	乍得	3.667
7	荷兰	7.378	150	几内亚	3.656
8	瑞典	7.364	151	科特迪瓦	3.655
9	新西兰	7.286	152	布基纳法索	3.587
10	澳大利亚	7.284	153	阿富汗	3.575
11	以色列	7.278	154	卢旺达	3.465
12	哥斯达黎加	7.226	155	贝宁	3.34
13	奥地利	7.2	156	叙利亚	3.006
14	墨西哥	7.187	157	布隆迪	2.906
15	美国	7.119	158	多哥	2.839

第三节 联合国千年发展目标②

一、何为千年发展目标

千年发展目标(Millennium Development Goals)，是在

① 数据来源：《2015 世界幸福报告》(World Happiness Report 2015)，http://worldhappiness.report/

② 资料来源：联合国官网，http://www.un.org/zh/millenniumgoals/bkgd.shtml

2000 年联合国千年首脑会议上提出的八项国际发展目标(其中,某些目标必须在 2015 年底之前实现),并在联合国千年宣言中正式做出的一项承诺。

这八项目标概括为:消灭极端贫穷和饥饿;实现普及初等教育;促进两性平等并赋予妇女权力;降低儿童死亡率;改善产妇保健;与艾滋病毒/艾滋病、疟疾以及其他疾病对抗;确保环境的可持续能力;全球合作促进发展。

2000 年的《联合国千年宣言》指出,某些基本价值对 21 世纪的国际关系是必不可少的。它们是:

自由。人们不分男女,有权在享有尊严、免于饥饿和不担心暴力、压迫或不公正对待的情况下过自己的生活,养育自己的儿女。以民心为本的参与性民主施政是这些权利的最佳保障。

平等。不得剥夺任何个人和任何国家得益于发展的权利。必须保障男女享有平等的权利和机会。

团结。必须根据公平和社会正义的基本原则,以公平承担有关代价和负担的方式处理各种全球挑战。遭受不利影响或得益最少的人有权得到得益最多者的帮助。

容忍。人类有不同的信仰、文化和语言,人与人之间必须相互尊重。不应害怕也不应压制各个社会内部和社会之间的差异,而应将其作为人类宝贵资产来加以爱护。应积极促进所有文明之间的和平与对话文化。

尊重大自然。必须根据可持续发展的规律，在对所有生物和自然资源进行管理时谨慎行事。只有这样，才能保护大自然给我们的无穷财富并把它们交给我们的子孙。为了我们今后的利益和我们后代的福祉，必须改变目前不可持续的生产和消费方式。

共同承担责任。世界各国必须共同承担责任来管理全球经济和社会发展以及国际和平与安全面临的威胁，并应以多边方式履行这一职责。联合国作为世界上最具普遍性和代表性的组织，必须发挥核心作用。

二、八项目标的主要内容

消灭极端贫穷和饥饿：使每日不到 1 美元维生的人口比例减半。挨饿的人口比例减半。

实现普及初等教育：确保不论男童或女童都能完成全部初等教育课程。促进两性平等并赋予妇女权利：最好到 2005 年在小学教育和中学教育中消除两性差距，并至迟于 2015 年在各级教育中消除此种差距。

降低儿童死亡率：将 5 岁以下死亡率降低 2/3。改善产妇保健：产妇死亡率降低 3/4。到 2015 年实现普遍享有生殖保健。

与艾滋病毒/艾滋病、疟疾以及其他疾病对抗：到 2015 年遏制并开始扭转艾滋病毒/艾滋病的蔓延。到 2010 年向所有需要者普遍提供艾滋病毒/艾滋病治疗。到 2015 年遏制并开始扭转疟疾和其他主要疾病的发病率。

确保环境的可持续能力:将可持续发展原则纳入国家政策和方案,并扭转环境资源的流失。减少生物多样性的丧失,到2010年显著降低丧失率。到2015年将无法持续获得安全饮用水和基本卫生设施的人口比例减半。到2020年使至少1亿贫民窟居民的生活明显改善。

全球合作促进发展:进一步发展开放的、遵循规则的、可预测的、非歧视性的贸易和金融体制。包括在国家和国际两级致力于善政、发展和减轻贫穷。

满足最不发达国家的特殊需要。这包括:对其出口免征关税、不实行配额;加强重债穷国的减债方案,注销官方双边债务;向致力于减贫的国家提供更为慷慨的官方发展援助。

满足内陆国和小岛屿发展中国家的特殊需要;通过国家和国际措施全面处理发展中国家的债务问题,使债务可以长期持续承受;与发展中国家合作,为青年创造体面的生产性就业机会;与制药公司合作,在发展中国家提供负担得起的基本药物;与私营部门合作,提供新技术、特别是信息和通信技术产生的好处。

三、八项目标实现的结果

《2015年联合国千年发展目标报告》中,对2000年提出的必须在2015年底实现的目标,进行了总结。

目标1:消除极端贫困与饥饿

过去20年间极端贫困率显著下降。1990年发展中世界近一半的人口依靠低于一天1.25美元生活,而到2015年这一比例下降至14%。全球生活在极端贫困中的人数下降超过一半，从 1990 年的 19 亿下降至 2015 年的 8.36 亿，其中大多数进展是在 2000 年后取得的。

1991 年至 2015 年间，劳动中产阶级——日生活费高于 4 美元——的人数几乎增长了两倍。该群体目前占发展中地区工作人口的一半，比 1991 年的仅 18%有了提高。

1990 年以来，发展中地区营养不足的人口比例接近减半，从 1990—1992 年的 23.3%下降至 2014—2016 年的 12.9%。

目标 2：普及小学教育

2015 年发展中地区的小学净入学率达到 91%，比 2000 年的 83%有所提高。

全世界小学教育适龄儿童失学人数接近减半，2015 年估计有 5700 万，而 2000 年有 1 亿。

自千年发展目标制定以来，撒哈拉以南非洲在小学教育方面取得的进步是各个地区中最大的。2000—2015 年间，其净入学率增长了 20 百分点，而 1990—2000 年间，只增长了 8 个百分点。

1990—2015 年间，全球 15—24 岁的青年识字率从 83%上升至 91%。女性与男性的差距减小。

目标 3：促进性别平等和增强妇女权能

相比 15 年前，现在更多的女孩在上学。发展中地区整体而言已经实现消除小学、中学和高等教育中两性差距的具体目标。

在南亚的小学教育中，1990 年相对于每 100 个男孩，只有 74 个女孩入学；而在 2015 年，相对于每 100 个男孩，有

103个女孩入学。

非农业部门有偿工作者中，女性的比例从1990年的35％增加到2015年的41％。1991—2015年间，脆弱就业的女性占整个女性就业的比例下降了13个百分点。与之相比，脆弱就业的男性比例下降了9个百分点。

在具有过去20年数据的174个国家中，近90％国家的女性在议会的代表增加。同期，女性在议会中的平均比例增长了近一倍，但每5个议员中仍然只有1个为女性。

目标4：降低儿童死亡率

1990—2015年间，全球5岁以下儿童死亡率下降超过一半，从每1000名活产婴儿中90人死亡降至43人死亡。尽管发展中地区人口增长，但全球5岁以下儿童死亡人数还是从1990年的1270万下降到了2015年的将近600万。

1990年代初以来，全球5岁以下儿童死亡率的下降速度提高了两倍还多。在撒哈拉以南非洲，2005—2013年间5岁以下儿童死亡率的年下降速度，比1990—1995年间快了4倍还多。

2000—2013年间，麻疹疫苗接种使死亡人数减少了将近1560万。同期，全球报告的麻疹病例数下降了67％。2013年全世界约84％的儿童获得了至少一剂麻疹防治疫苗，比2000年的73％有所增长。

目标5：改善孕产妇保健

1990年以来，全世界孕产妇死亡率下降了45％，其中大部分发生在2000年以后。

1990—2013年间，南亚的孕产妇死亡率下降了64％，撒哈拉以南非洲下降了49%。全球由熟练医护人员接生的比例超过71%,比1990年的59%有所增长。

北非的孕妇获得四次或更多次产前护理的比例在1990—2014年间从50%增长到89%。全世界15—49岁已婚或有伴侣的妇女,采取措施避孕的比例从1990年的55%上升到2015年的64%。

目标6:与艾滋病毒/艾滋病、疟疾和其他疾病作斗争

2000—2013年间,新感染艾滋病毒的人数下降了约40%,从估计350万下降至210万。截至2014年6月,全球1360万艾滋病毒携带者接受了抗逆转录病毒疗法治疗,比2003年的80万有大幅增长。1995—2013年间,抗逆转录病毒疗法治疗使因艾滋病死亡人数减少了760万。

2000—2015年间,主要是撒哈拉以南非洲的5岁以下儿童,避免了超过620万例因疟疾死亡。全球疟疾发病率下降了约37%,疟疾死亡率下降了58%。2004—2014年间,向撒哈拉以南非洲疟疾盛行的国家发放了9亿多顶驱虫蚊帐。

目标7:确保环境的可持续性

1990年以来,消耗臭氧物质基本上已消除,预计到本世纪中叶臭氧层即可恢复。

1990年以来,很多地区的陆地和海洋保护区都大幅增加。1990—2014年间,在拉丁美洲和加勒比,陆地保护区覆盖率从8.8%上升至23.4%。

2015年全球91%的人口使用经改善的饮用水源,而1990年只有76%。1990年以来新增的可获取经改善的饮用水的26亿人中,有19亿人在房舍获取了饮用自来水。目

前，全球有半数以上人口(58%)享受这种更高级的服务。全球147个国家实现了饮用水的具体目标，95个国家实现了卫生设施的具体目标，77个国家两者都已实现。全世界可获取经改善的卫生设施的人口新增21亿。1990年以来，露天便溺的人口比例接近减半。发展中地区居住在贫民窟的城市人口比例从2000年的约39.4%下降至2014年的29.7%。

目标8：全球合作促进发展

2000—2014年间，来自发达国家的官方发展援助实际值增长了66%，达到1352亿美元。2014年，丹麦、卢森堡、挪威、瑞典和联合王国，继续超过联合国制定的官方发展援助——相当于国民总收入0.7%的具体目标。

2014年，发达国家从发展中国家的进口中79%免税，比2000年的65%有所提高。发展中国家外债偿债支出相当于出口收入的比重，从2000年的12%下降至2013年的3%。

截至2015年，移动电话信号覆盖了95%的世界人口。过去15年中，移动电话订户数量增长了近9倍，从2000年的7.38亿，增长到2015年的超过70亿。

世界人口的互联网普及率从2000年的稍高于6%上升到2015年的43%。由此，32亿人接入了全球内容和应用网络。

总之，在过去15年里，全世界在千年发展目标的很多具体目标方面成绩显著，但各个地区和国家的进展很不均衡，仍然有巨大的差距。数百万人被落在了后面，特别是最贫穷的人和因为性别、年龄、残疾、种族或地理位置而处境不利的人。

第二章　经济发展理论:经典与前沿

第一节　发展中国家及其特点

一、哪些是发展中国家

发展中国家是与发达国家相比较而言,经济、政治比较落后的国家,又称不发达国家或欠发达国家,但为了避免政治的敏感性,以中性词"发展中经济"(developing economies)或"发展中国家"(developing countries)称之,包括亚洲、非洲、拉丁美洲及其他地区的140多个国家和地区,占世界陆地面积和总人口的70%左右。

发展中国家过去一般都是欧美等发达国家的殖民地、半殖民地或附属国,第二次世界大战以后,这些国家或地区相继取得独立,少数国家走上社会主义道路,大多数国家实行资本主义制度。但由于过去较长时期遭受侵略与掠夺,经济发展水平较低,大多数国家虽然在政治上获得民族独立,但在经济上对原来的宗主国还具有依附性和附属性。

世界银行按照各个国家的人均国民收入水平(per capita GNI),把世界上213个经济体划分为四种类型:低收入国家(Low income countries, LIMs)、下中等收入国家(lower middle income countries，LMCs)、上中等收入国家(upper middle income countries，UMCs)、高收入 OECD 国家(high income OECD countries)和其他高收入国家(high income countries)。下中等收入国家和上中等收入国家,被统称为中等收入国家。

2009 年世界银行对各国的划分标准是:

低收入国家:人均国民收入低于或等于 995 美元。

下中等收入国家:人均国民收入水平处于 996—3945 美元之间。

上中等收入国家:人均国民收入处于 3946—12195 美元之间。

高收入国家:人均国民收入在 12196 美元以上者。

按照 2011 年的人均国民收入水平,世界银行对 213 个国家的划分标准,进行了适当的微调(这个标准不是一成不变的):

低收入国家:人均国民收入低于或等于 1025 美元。

下中等收入国家:人均国民收入水平处于 1026—4035 美元之间。

上中等收入国家:人均国民收入处于 4036—12475 美元之间。

高收入国家:人均国民收入在 12476 美元以上者。

按照上述划分标准,低收入水平国家和中等收入国家,都属于发展中国家。2011 年中国的人均国民收入达到 5432 美元,进入上中等收入国家行列,但处于上中等收入国家中的低水平位置。

而高收入国家的分类则比较复杂。并不是所有的高收入国家都是发达国家。部分高收入国家,虽然人均收入水平很高,如中东产油国卡塔尔、沙特阿拉伯等,由于其结构和体制与发达国家存在很大差别,所以不被归于发达国家行列。但他们与一般发展中国家也有很大不同,不属于发展经济学研究范畴。

高收入的 OECD 国家中,只有西欧、北美、日本、澳大利亚和新西兰是发达国家(developed countries),他们是 OECD 中的核心国家。近年来,葡萄牙和希腊,由于经济衰退和经济危机,至少最近几年里其经济水平跌入到发展中国家行列。

2012 年联合国把 49 个国家称为最不发达国家,其中 34 个位于非洲,9 个位于亚洲,5 个属于太平洋岛国,另一个国家是海地。这些国家的共同特点是低收入、低人力资本、高经济脆弱性。

有些上中等收入国家、和近年来进入到高收入经济体行列中的国家,在近些年取得了比较快速的发展,拥有大量的比较先进的工业部门,与国际贸易、金融和投资领域具有紧密的联系,这些国家被称为新兴工业化国家,比如韩国、新加坡。

二、发展中国家的基本特征

1. 收入水平低下

人均收入水平低下是发展中国家最显著、最基本的特征。

2009年,发展中国家人均GNI是2963美元,而高收入经济体是37970美元,后者是前者的12.8倍。高收入国家人均收入(37970美元)是低收入国家(也可叫最不发达国家)(512美元)的74倍,或者说,低收入国家人均收入只相当于高收入国家的1.35%。

2. 生活状况差,贫困现象严重

低收入水平必然导致低生活水平,低生活水平表现为数量和质量两方面:住房短缺且住房条件恶劣,医疗卫生条件差,食物供给不足而营养不良,受教育程度低,婴儿死亡率高,预期寿命短,等等。

发展中国家中绝大多数人生活比平均水平所表现出来的更加困难。当然,人口较少的富裕阶层的生活水平,并不比发达国家普通公民的一般生活水平低多少,甚至还要高很多。收入水平低下和收入分配不平等结合起来,就使得生活在贫困线以下的人口数量巨大,比率很高。(第四章将对此进行详细描述)

3. 技术进步缓慢,生产率水平低下

发展中国家技术、尤其是以科学为基础的现代技术能力较低,不仅缺乏技术创新能力,而且对外国先进技术的吸收能力也比较低,技术进步缓慢,技术进步在经济增长的贡献较小。技术水平低的一个显著标志是劳动生产率较低。低技术、生产率与低收入、生活水平互为因果,并形成"贫困恶性循环"。

4. 人口增长率高,赡养负担重

发展中国家人口增长率远高于发达国家。1990—2008年间,全世界人口增长率为1.3%,其中,低收入国家为

2.2%，高收入国家为0.7%，高收入的欧元区国家只有0.4%。发展中国家人口所占比重不断上升，高人口增长率的结果就是15岁以下的儿童数目占总人口的比重高，导致赡养负担重。

5. 失业问题严重

发展中国家公开失业率不比发达国家高多少，但公开失业只是一部分。发展中国家更为严重的是就业不足，或叫隐蔽性失业。

某些发达国家的失业率也有点高，但发达国家的失业是公开的，没有隐蔽的。发展中国家的失业包括公开失业和隐蔽性失业，两者相加就非常的严重了。隐蔽性失业包括：提前退休、继续深造延期毕业、工作时间里半工半闲、高能者从事低能的劳动。

6. 农业所占比重大，二元经济显著

发展中国家的绝大多数人口生活、工作在乡村，农业比重大是经济不发达的一个重要标志；发展中国家经济的一个显著特征是二元经济结构，即规模较小的先进工业和规模巨大的传统农业部门并存。而发达国家不存在二元经济结构，农业和工业都现代化了。

7. 生态环境恶化

一方面，发展中国家人口快速增加，加大了对粮食的需求，不得不加速开垦土地和过度使用化肥、砍伐森林和过度放牧。森林加速毁灭，荒漠化、盐碱化，土壤肥力衰减，灾害频繁。缺乏资金，无力建设污水和垃圾处理设施。另一方面，在经济发展初期，高污染性重化工业发展快，导致有毒物质大量排放。同时，发达国家为保护本国环境，把污染工业向发展中国家转移，而发展中国家由于贫穷不得不承接这些污染性产业，从而导致发展中国家污染加重。

无论是发展还是不发展，发展中国家的环境退化都比发达国家严重。当发展中国家经济长期停滞不前时，就会为了生存而对环境破坏性地利用；当发展中国家快速发展和加速工业化时，将导致资源过度利用和环境大规模污染。

8. 政治不稳定、办事效率低下、腐败现象严重

发展中国家政治制度差异很大，有的是民主制，有的是封建制，有的是政教合一制，有的是军人统治，有的是一党专政体制。与发达国家相比，总的看来，发展中国家政治上不是很稳定，种族、民族和宗教矛盾尖锐，政府治理能力较差，政权更迭频繁。而且，大多数发展中国家的法制不健全，政府办事效率低下，腐败现象非常严重。这些特征是不少发展中国家长期停滞不前的主因。

9. 在国际关系中处于受支配、依附和脆弱的地位

在政治、经济、文化上，发展中国家往往依附于发达国家，受发达国家支配。发达国家占有控制国际贸易格局的支配地位，拥有决定以什么条件向穷国转移技术、外援和私人资本投资的专断权力。发达国家向穷国提供援助和贷款往往附带苛刻的政治和经济条件。

过去几十年，发展中国家从整体上说取得很大进步，但国家之间发展很不平衡。东亚和东南亚一些国家和地区进步最快，亚洲四小龙差不多都进入了高收入国家或地区的行列；其他东南亚国家，如马来西亚、泰国和印度尼西亚等国发

展也相当迅速;其他地区如拉美,尤其是次撒哈拉非洲的发展较慢,有些国家完全停滞不前,甚至出现负增长,贫困状况反而进一步恶化。

三、什么是发展经济学

第二次世界大战后世界殖民体系开始瓦解,亚非拉地区的殖民地或附属国相继脱离殖民统治,成为独立国家。然而,这些新生国家经济上仍然贫穷落后,如何加速经济发展、摆脱贫困就成了这些国家的主要目标。发达国家的一些经济学家开始关注和研究这些摆脱殖民统治、新独立的发展中国家经济发展问题,自 1940 年代末以来,各种发展理论相继问世,到 20 世纪 50 年代达到高潮,蔚然形成独立的学科——发展经济学。

简言之,发展经济学是研究第二次世界大战后相继独立起来的、欠发达国家的经济发展问题的学科。发展经济学的研究对象是那些还处于贫困状态的欠发达国家。一旦所有欠发达国家都发展起来,实现了工业化,那么,发展经济学就失去了存在的基础。那时,虽然各个国家之间也有差别,但其性质完全不同,那是大富与小富的差别,而不是发达与不发达的差别。

虽然,发展经济学研究发展中国家经济问题,但主要是由发达国家的经济学家创立,这些经济学家受西方正统经济学熏陶,常运用正统经济学的基本原理和方法,分析发展中国家的问题。但发展中国家的经济现实与发达国家具有很大的不同,西方正统经济学家对发展中国家的了解和认识难免肤浅,因此,把发展经济学的理论运用到发展中国家实践时，就会产生与预期不一样的结果。

世界上有100多个发展中国家，各个发展中国家在历史、经济、政治、文化、地域规模上存在巨大差异，建立一个对所有发展中国家都适用的理论体系比较困难，因此，与宏观、微观经济学等学科相比，发展经济学还显得不太完善。

在第二次世界大战结束之前，中国也是西方列强的殖民地与半殖民地，1949年获得了民族独立后，经济发展水平相对落后，国家先后实施了多个五年发展规划，逐步建立了比较完善的工业体系。1978年的经济改革后，中国的农业实现了快速的发展，工业化、城市化水平也得以迅速提高，并在21世纪成为世界第二大经济体，而且中国是世界上人口最多的国家，因此，中国也是世界上最大的发展中国家。在过去的发展过程中，发展经济学理论为中国的经济实践提供了比较丰富的理论支持，而中国的经济发展历程与发展经验，为发展经济学这门学科提供了丰富的实践材料，未来的发展经济学理论体系的更新与创新，更需要中国经济发展现实的推动。根据发展中国家的历史经验教训，不断修正发展经济学的观点，提出新的理论和政策，是发展经济学这门学科走向完善的必由之路。中国作为最大的发展中国家，对推动发展经济学理论体系的更新具有非常重要的作用。

第二节　代表性的经典发展理论

一、张培刚的农业与工业化理论

张培刚（1913—2011），湖北黄安（红安）人，“发展经济学”学科的奠基人。1934 年毕业于武汉大学经济系，1941—1945 年就读于哈佛大学，获得博士学位。历任武汉大学经济系教授、系主任，联合国亚洲及远东经济委员会顾问兼研究员，华中科技大学经济学院名誉院长，中华外国经济学说研究会名誉会长，中美经济合作学术委员会中方主席等职。

张培刚在哈佛的博士论文《农业与工业化》于 1949 年在哈佛大学出版社以“哈佛经济丛书”第 85 卷出版，是第一本试图从历史上和理论上，比较系统地探讨落后农业国家如何实现工业化问题的学术专著，曾获哈佛大学 1946—1947 年

度最佳论文奖和“威尔士奖金”,在国际上声誉卓著,被誉为“发展经济学”的奠基之作。1951 年译成西班牙文,在墨西哥出版,1969 年,英文版又在美国再版。著名经济学家霍利斯·钱纳里教授(Hollis Chenery)曾说,“发展经济学的创始人,是你们中国人——张培刚”。

《农业与工业化》一书以中国为核心论题,探讨在二战后将如何实现工业化的问题,从世界范围探讨农业国家或发展中国家,在工业化过程中将要遇到的问题,特别是农业与工业的相互依存关系及其调整和变动的问题。张培刚认为,要研究中国或任何其他发展中国家如何实现工业化的问题,无疑地主要是根据本国国情,从实际出发,制定方针政策;但同时也要了解外国实行工业化的经验和教训,以便从中有所取舍和借鉴。需要从大量的历史文献和统计资料中,寻找英、法、德、美、日等国产业革命以来实行工业化的经验和教训,并立足于农业国家的实际情况和特点,加以考察。

在该书中,张培刚对农业国或经济落后国家,如何实现“工业化”这个问题提出了一整套自洽的理论。

(1) 关于农业与工业的相互依存关系。张培刚认为,虽然农业国的出路在于“工业化”,然而农业的发展对工业化启动起着至为重要的关键作用。农业对工业化具有五大贡献:① 农业是粮食供给的主要来源;② 农业是工业原料供给的来源;③ 一定阶段,农业为工业提供大量的剩余劳动力;④ 农民作为买者和卖者,对于工业生产市场的扩大起着重要作用;⑤ 农业税和农产品输出所形成的资金积累和外汇储备,是形成工业资本积累的一条非常重要途径。农业是工业化与经济发展的基础和必要条件。“五大贡献”理论比后来库兹涅茨提出的类似理论要早16年，比其他经济学家则要更早。

(2)“工业化”定义。在《农业与工业化》第三章，张培刚把“工业化”定义为：“一系列基要生产函数连续发生变化的过程”。他从技术创新和技术革命的角度定义“工业化”。张培刚的“工业化”定义，能够防止和克服那种把“工业化”片面理解为单纯地发展制造工业，而忽视甚至牺牲农业的做法。20世纪80年代美国经济学家迈耶著作中关于“工业化”的观点，与张培刚40多年前的理论极为接近。(关于张培刚对工业化的定义，详见本书第三章)

(3) 基础设施和基础工业的先导作用。张培刚认为，基础设施和基础工业如交通运输、动力工业等，在工业化中起着“先行官”的作用。企业家精神和创新管理才能以及生产技术等因素，是工业化的发动因素；而资源、人口等因素在一定阶段则会成为工业化的限制因素。至于社会制度，张培刚认为其既可能是发动因素，也可能是限制因素，这取决于多种条件。

关于工业化的程序、阶段和速度问题，张培刚将演进的工业化过程分为三个阶段：① 消费品工业占优势；② 资本品工业的相对增加；③ 消费品工业与资本品工业平衡，而资本品工业渐占优势地位的趋势。张培刚指出，农业国工业化这一历史转变的基本标志，就在于由消费品工业占优转变为由资本品占优。他还指出这种转变是逐渐达到的。

(4) 关于工业化对农业生产和农业剩余劳动力的影响。

张培刚分析了工业化对农业生产的影响：① 工业发展与农业改革相互影响，但工业发展对农业改革影响更大，工业发展从技术和组织两方面成为农业改良的必要条件；② 当工业化渐趋成熟时，在市场规律下，必引起农业生产结构的调整和变动。如收入的提高导致消费结构的变化又进而引起农业生产结构的调整；③ 随着工业化的发展，农产品市场的扩大和农耕技术的提高，农业总产量和单位产量会增加，但增加速度不及工业增长速度快。因为一方面土地供给趋于减少，同时农业受气候和生物学规律的制约。关于工业化对劳动力的影响，张培刚总结道，伴随工业化的进展，农业剩余劳动力将会继城乡手工业者之后转移到城市和其他行业。

(5) 关于引进外资和开展对外贸易。张培刚把引进外资和开展对外贸易，视为农业国工业化必不可少的条件。张培刚根据实际数据，认为中国有必要吸引外资。吸引外资最重要和最基本的因素，在于借款国政治的稳定和工业发展的前景。在吸引外资的措施上，应消除对于国际贸易和金融的障碍。不过，相对工业品，农产品总是在对外贸易中处于不利地位。

张培刚的发展经济学研究，根源于他对中国这一世界上最大发展中国家现实国情的深切了解。他从小就立志要为改善农民生活、改进农耕方式和实现中国的工业化寻找出路，而且这种思想感情与日俱增。农业国工业化理论的形成，是他长期关注和研究中国农村经济，乃至整个国民经济所积累的结果。

《农业与工业化》1983年版自序摘录

本书写成于20世纪40年代中期，但思想上的酝酿，却早在30年代初当我在武汉大学经济系学习时，以及毕业后参加前中央研究院社会科学研究所从事农业经济的调查研究工作时，便已开始。当时我经常考虑到的一个问题，就是经济落后的以农业为主的中国将如何走上工业化的道路。20世纪40年代初，我考取清华公费留美，进哈佛大学研究生院，先学习工商管理，后又学习经济理论、经济史和农业经济。通过这几年的学习，我除了具体了解到美国的一些现实情况外，更从历史文献和统计资料中较多地阅读了有关英、法、德、美、日、苏联诸国从“产业革命”以来各自实行工业化的书刊，从而使我更进一步认识到农业国家的工业化是一个带世界性的问题。当时正值第二次世界大战即将结束的前两三年，我想到大战后的中国迟早必将面临如何实现工业化这一复杂而迫切的历史任务。因此，以中国的工业化为中心目标，从世界范围来探讨农业国家或发展中国家在工业化过程中所将要遇到的种种问题，特别是农业与工业的相互依存关系及其调整和变动的问题，将是具有十分重要的现实意义的。但在我当时所阅读的书刊中，还没有看到一种专著对农业国工业化问题进行过全面系统的研究。本书英文原稿以《农业与工业化》(Agriculture and Industrialization)为题，作为博士论文完稿于1945年冬，就是我以严肃认真的态度，试图从历史上和理论上比较系统地探讨农业国工业化问题的初步尝试。

张培刚

1983 年 10 月

于武汉市华中工学院经济研究所

二、罗斯托的经济成长阶段论

美国经济学家华尔特·惠特曼·罗斯托在他的专著《经济成长的过程》(1951 年)、《经济成长的阶段》(1959 年)和《政治和成长阶段》(1970 年)中,提出了经济成长具有六个阶段:传统社会阶段、为起飞创造前提条件阶段、起飞阶段、向成熟推进阶段、高额群众消费阶段、追求生活质量阶段。

传统社会阶段。罗斯托把牛顿科学产生以前的社会,即原始社会、奴隶社会、封建社会统称为传统社会,这个阶段的主要产业部门是农业,家族和氏族关系在社会组织中有很大作用。

为起飞创造前提条件阶段(过渡阶段)。现代科学思想转变为生产力的时期,西欧在 17 世纪末—18 世纪初的这一阶段。罗斯托认为农业或开采业,在过渡时期就是为现代工业结构准备一个可以持续存在的基础。

起飞阶段。传统社会进入现代社会的分水岭,一切旧的势力被克服,新工业不断扩张。罗斯托把起飞定义为一种工业革命。它在较短时期内,生产方法、经济和社会的结构发生重大的质量变化。过渡阶段的变化是缓慢的,而起飞阶段,成长为社会的正常情况，各种束缚经济成长的传统力量最终被消除，于是经济就像飞机一样，可以起飞并持续航行了。

起飞，既是经济起飞，也是社会起飞，起飞标志着现代社会的开始。具备的起飞条件必须有：现代科学技术、冒险的企业家、稳定的政局、大量的资本和主导部门。

历史上先进国家的经济起飞时间

英国：1783—1802；

法国：1840—1860；

日本：1878—1900；

美国：1843—1960；

俄国：1890—1914；

德国：1850—1873；

日本、亚洲四小龙：1950s—1980s

成熟阶段。吸收和使用现代技术的能力大大增强了，产出持续超过人口的增长，工业加速扩张。罗斯托认为，在经济起飞 60 年后，经济将进入成熟阶段，其特征是：① 投资率经常保持在占国民收入的 10%—20%，使生产的增长经常超过人口的增长；② 由于技术的改进，新工业的加速发展和旧工业的停滞，经济结构不断发生变化，工业向多元化发展，新主导部门代替旧主导部门；③ 经济在国际经济中得到了它应有的地位，即与它的资源潜力相适应的地位。

高额群众消费阶段。人均收入远远超过基本需要，社会目标是提高社会福利和社会安全。罗斯托指出这一阶段有两个特征：一是人均实际收入的提高，使大多数人在满足基本的衣食住行之外,享用其他消费项目,如各种耐用消费品、家用电器与各种服务;二是劳动力结构的改变,使城市居民、公司职员和熟练工人的数量大大增加。与耐用品消费有关的部门将成为经济主导部门。

追求生活质量阶段。追求闲暇和娱乐,不把经济增长看得非常重要。罗斯托指出,在这个阶段,主导部门不再是生产有形产品的工业部门,而是提供劳务和改善生活质量的服务业,社会成就不再以有形产品数量的多少来衡量,而是以生活质量作为衡量成就的新标志。

三、国际依附论

国际依附论又称"外围—中心论",一种研究发展中国家与发达国家间相互关系的理论学说。主要代表人物有阿根廷的劳尔·普雷维什、埃及的萨米尔·阿明、英国的A. G. 弗兰克和美国的I·沃勒斯坦等。

第二次世界大战后,广大亚非拉国家虽然先后摆脱了西方发达国家的殖民统治,建立了拥有独立主权的民族国家,但是并未从此走上富裕富强之路,它们在经济上依然依附于西方发达国家。依附论认为,世界被分为中心国家(发达国家)和外围国家(发展中国家),前者在世界经济中居支配地位,后者受前者的剥削和控制,后者依附于前者,中心与外围之间处于不平等的国际关系中。

普雷维什指出,中心和外围是两个技术结构极不相同的体系,中心体系是主宰,外围体系是附庸。在中心与外围的贸易交往中,贸易条件对初级产品出口国和制成品进口国——发展中国家越来越不利,对初级产品进口国和制成品出口国——发达国家越来越有利。为了改变外围国家贸易条件不断恶化的状况,他为发展中国家提出了相应的政策建议,如实行工业化、建立区域性共同市场和实行保护贸易政策等。

依附论者一般接受了马克思主义的思想和理论的影响,因此,他们也自称为"新马克思主义者"。但是,他们所受的马克思主义影响在程度上有所不同。有的比较明显地采用了马克思主义的观点和方法,从发展中国家国内的阶级关系和国际环境中帝国主义、殖民主义的势力,去分析支配—依附关系;有的特别重视社会的、政治的和文化的因素,对支配—依附关系既作实证又作规范的分析;有的则侧重对传统的比较成本学说的批判,提出不平等交换理论,以解释支配—依附关系。

依附论产生于20世纪50—60年代,20世纪70年代初,由于石油危机的出现,发展中国家处于一种更加不利的国际经济和政治地位,从而国际依附理论逐渐在发展中国家的知识界获得越来越多的支持。

四、新古典自由市场论

从20世纪60年代后期开始,新古典主义在一片批判"传统发展经济学"(指20世纪50年代、60年代早期的发展经济学)的浪潮中兴起。由于20世纪50—60年代的发展经济学理论政策,在指导发展中国家经济发展时,并未取得预期的良好经济效果,信奉新古典主义经济学的一些西方经济学家,开始把自由市场经济理论，运用于发展中国家的经济发展战略和政策制定中，认为发展是一个渐进的、和谐的过程，市场—价格机制是一切调节的原动力，从而也是经济发展的重要机制。这种理论观点被称为新古典主义发展经济学，或发展经济学的新古典自由市场论，或第二阶段的发展经济学。在发展经济学的各类论文著作中，有时简称为新古典主义。

与50年代的发展经济学不同，新古典主义重视农业的进步，重视人力资源的开发，重视市场机制，主张开放性的外向发展，特别是在贸易战略上，从进口替代转而采取出口鼓励。新古典主义的理论核心是强调市场—价格机制，在市场—价格机制中，"高"的价格吸引更多的供给而抑制需求，"低"的价格鼓励更多需求而抑制供给，只有均衡价格，使供给和需求达到平衡，使需求价格和供给价格一致。发展中国家必须从僵硬的、低效率的、缺少活力的计划管理模式的束缚中解脱出来，迈步走向市场经济。

在新古典主义思路影响之下，不少发展中国家和地区结合自己的现实，认识到必须在经济体制上进行重大改革，由计划经济向市场经济转变，确认市场—价格机制不仅是优化资源配置、提高经济效益的基本机制，也是有效刺激经济增长，促进经济发展的基本机制。以这样的认识为中心，在努力实现工业化的同时兼重农业进步，在累积物质资本的同时兼重人力资源开发，在改革国内经济的同时兼重与国际经济的联系。总之，针对计划管理体制的弊端，坚持改革，坚持发展市场经济，坚持对外开放，是发展中国家经济发展的必由之路。经验证明，较早地走上这条道路的发展中国家和地区，都取得颇为快速的经济增长。以亚洲四小龙著称的韩国、新加坡、台湾地区和香港特别行政区，就是遵循外向发展、市场调节、重视教育和发挥自身资源优势的方针，而快速改变经济落后面貌的典型。

新古典主义的灵魂，是把市场调节这只看不见的手提到至高无上的地位，特别是以自由主义者自称的新古典经济学家，更是反对任何力量对市场的干预，主张一国经济无论对内对外都要一切放开，实行完全的自由化，甚至否认资本主义总危机的存在，而把危机的发生淡化为某种错误政策的结果。1997 开始爆发的东亚金融危机，使新古典主义提出的思想，以及依据这些思想而推行的政策受到严峻的考验。

五、林毅夫的新结构经济学

新结构经济学的要点如下：第一，一个经济体的要素禀赋结构（一个国家拥有的土地、劳动力、资本的数量）——在每一个特定时期是给定的，且随着时间推移是可变的——这决定了它的总预算、相对要素价格和比较优势，而且随着发展水平的不同而演变，因而经济体的最优产业结构也会随发展阶段的不同而不同。不同的产业结构不仅意味着不同的产业资本密集度，还意味着不同的最优企业规模、生产规模、市场范围、交易复杂程度以及不同的风险种类。因此，每个特定的产业结构都要求与之相适应的基础设置（包括“硬性和软性”）来尽可能降低运行和交易费用。

第二，经济发展阶段并非仅有“穷与富”或“发展中与发达”这两种离散情况,经济发展的每一个水平都是一条从低收入农业经济一直到高收入工业经济的连续谱上的一点;都是一条从低收入的农业经济,一直到高收入工业化经济的连续频谱(即连贯性的过程)。在这个连续谱中,当产业结构所呈现的状态是既定的,那么,对产业和基础设置进行升级的话,升级的目标不一定就是按照发达国家当时所处的那种产业结构和基础设置。也就是说,不必把发达国家的现有发展阶段、产业结构和基础设置,作为发展中国家的产业结构和基础设置升级的目标。

第三,在每个给定的发展阶段,市场是配置资源最有效率的根本机制。经济发展是一个动态过程,要求在每一个新的发展水平上,都有产业升级和多样化,以及“硬件”和“软件”基础设施的相应改善。产业多样化和产业升级的本质是一个创新过程,在这个过程中,一些先驱企业会为经济中的其他企业创造公共知识,任何一个企业对这些公共知识的消费,都不会影响其他企业对它们的消费。并且,个体企业在做投资决策时,无法完全内化对基础设置的改进,而基础设置的改进却对其他企业产生大量的影响。因此,在市场机制以外,政府还必须在发展过程中发挥积极而重要的协调作用,或提供基础设置改进以及补偿外部性的作用,以促进产业的多样化和升级。

新结构经济学的框架对经济学研究提出了挑战:必须更好地理解市场和政府在经济发展过程中各自的作用,以及它们如何通过相互作用促进私人部门的发展。这就直接导致了数个重要的研究问题:如何设计并执行一套成功的经济发展方法,以使得产业变迁的多样化和升级过程更为平滑?政府干预过度或不足究竟在何处引起了扭曲,如何才能达到无扭曲的最好境地?政策制订者怎样才能保证经济转型过程的平顺?

第三章　工业现代化：一般规律与主要问题

第一节　经济学家对工业化的不同解释

发展经济学家致力于工业化问题的研究，提出了不少理论见解，其中对于工业化概念的界定有多种表述，比较典型的表述主要有以下几类。

一、张培刚用基要生产函数的变化解释工业化

张培刚是发展中国家最早系统论述工业化问题的经济学家，也是最先对落后国家如何工业化进行系统论述的经济学家。

在20世纪40年代，张培刚把“工业化”定义为“一系列基要的生产函数（Strategical Production Function）连续发生变化的过程”①，基要的生产函数的变化能够

① 张培刚：《农业与工业化》，华中科技大学出版社，2002年版，第65页。

引起并决定其他生产函数的变化，这种变化过程包括各种随着企业机械化、建立新工业、开发新市场及开拓新领域而来的基本变化。之后，张培刚将工业化的定义修善为："国民经济中一系列基要的生产函数（或生产要素组合方式）连续发生由低级到高级的突破性变化（或变革）的过程。"

影响工业化进程的主要因素是：

(1) 人口，包括人口的数量、人口组成及人口的地理分布。

(2) 资源或物力，包括资源的种类、资源数量及资源的地理分布。

(3) 社会制度，指人的和物的生产要素所有权的分配。在论述其他要素对工业化进程的影响时，社会制度被看作是既定的。

(4) 生产技术，主要是发明的应用。（科学，教育及社会组织等，暂时不在这系列分析讨论）

(5) 企业创新管理才能。它们改变生产函数或应用新的生产函数，也就是改变生产要素的组合或应用新的生产要素组合。

张培刚认为这五种因素是发动并定型工业化过程最重要的因素，根据它们的不同性质和不同影响力度，可以把它们划归两大类：一类是发动因素，包括企业创新管理才能及生产技术；一类是限制因素，包括资源与人口。因此，推动工业化进程的力量来自于技术进步和创新精神，而人口数量的扩张和资源的有限性却会限制工业化进程。张培刚在 70 多年前的理论论证，与中国在 21 世纪的经济现实仍然有不谋而合之意。

张培刚按照资本品生产对消费品生产的关系，把工业化过程划分为三个阶段：第一个阶段：消费品工业占优势。第二个阶段：资本品工业的比重在相对增加。第三阶段：消费品工业与资本品工业基本平衡，资本品工业渐渐上升到优势地位。

这个工业化过程，也就是在工业生产中，从消费品工业占优势地位向资本品工业占优势地位的转变。各个国家这种转变过程是不同步的，有的国家很快进入第三阶段，有的国家转变的速度要慢很多。工业化速度的快慢，取决于各个国家的工业生产力。第一，要看这个国家进入工业化过程时，整个人类的生产技术的发展处于何种阶段。比较晚进入工业化的国家，其工业化速度反而快于那些更早进入工业化的国家，因为他们可以使用那些已经完成工业化的国家所提供的生产技术，也就是后发优势。第二，政府的政策对工业化速度有直接的影响。当政府主导发动工业化，那么工业化的速度就比较快。这一点，也能够解释中国改革开放 30 多年来的经济快速发展，来自于政府推动的系列经济改革战略。第三，由于技术原因，起始于资本品生产的工业化，其工业化速度比较高。第四，筹措资本的方式也影响工业化速度。如果外来资本能够得到有效的利用和投放，而无损本国的政治独立和国内经济前途，将大大提高工业化速度。中国在改革开放初期，大量引进外资，特别是沿海地区对外来资本的广泛利用，使得中国工业在很短的时间内能够快速地发展壮大。

张培刚在《新发展经济学》一书中进一步将工业化的基本特征概括为以下几点：

第一，工业化首要的和最本质的特征，就是以机器（包括之后的电脑等日益先进的工具形式）生产代替手工劳动，即通常所说的机械化过程，是一场生产技术的革命，从而也是社会生产力的突破性变革；同时，它还包含着生产组织和国民经济结构多层次的相应调整和变动。

第二，它包含了整个国民经济的进步和发展。不仅包括工业本身的机械化和现代化，而且也包括农业的机械化和现代化。只有这样全面理解工业化，才能在理论上树立正确观点，克服或避免在政策上或在实际工作中那种只顾发展工业，特别是重工业（生产资料生产工业），而忽视发展、甚至牺牲农业和轻工业（消费品生产工业）的片面性和严重缺陷。

第三，从理论上和历史经验上看，工业化必然促进农业生产技术的革新和农业生产量（包括亩产量）的增加，但一般说来，随着工业化过程的进展，农业在国民经济中所占的相对比重，不论就国民生产总值来衡量，还是就劳动人口来衡量，都有逐渐降低的必然趋势。可以说，凡是工业化程度高的国家，不论其社会制度如何，农业的这种相对比重就较低。具体而言，就是指农业劳动人口占全国总劳动人口的比例较低，农业产值占国民生产总值的比例较低。反之，凡是工业化程度低的国家，农业的这种相对比重就较高。具体而言，就是指农业劳动人口所占总劳动人口的比例较高，农业产值所占国民生产总值的比例也较高。

二、钱纳里用产业结构转换解释工业化

钱纳里（H. Chenery）认为“工业化的程度，是一般可以由国内生产总值中制造业份额的增加来度量”[①]，工业化是整个经济系统中的一个特征，这个特征表现为初级产品的份额下降，制造业产品的份额上升，初级产品下降的份额被制造业的份额所弥补。

钱纳里认为，导致制造业份额在国民经济中的份额上升，有三个比较明显的影响因素：国内需求的变动、中间（投入）使用量的增加，以及随要素比例变动而发生的比较优势的变化。① 国内需求的变动，是指国内需求的基本构成（食品与非食品消费、投资以及政府消费）在改变（在下降），其中最大的改变来自食品消费份额的下降。② 中间使用量的增加，指经济产出中有更大的一部分被售给其他产业生产者而不是最终使用者。也就是说，在经济结构变动中，不仅制造业的份额在上升，而且一些需要使用较多中间产品的行业和部门也在增加；其次，各个产业部门内部的技术变化，也使得它们对中间产品的使用量在增加。③ 要素比例的变化所带来的比较优势的变化，主要体现在国际贸易中。发展中国家在实行对外开放时，通过扩张制成品的出口，会逐渐减少初级产品的生产，使国内生产结构发生改变。比较优势的变化最终会影响到所有发展中国家，但影响的程度和时间并不相同。

---

① 钱纳里：《工业化和经济增长的比较研究》，格致出版社—上海三联书店—上海人民出版社，2015 年版，第 54 页。

根据上述影响因素，钱纳里把经济结构的调整，直至最终全面实现工业化的过程分为三个阶段：初级产品生产阶段、工业化阶段、发达经济阶段。在初级阶段，经济中占统治地位的主要是农业。在工业化阶段，经济重心由初级产品的生产转向制造业生产。由第二阶段向第三阶段转变时，制成品在国内总需求中的比例下降，农业劳动力持续转移到非农业部门，农业与非农业部门的工资差距缩小直至消失，最终也促进了资本替代劳动力和各种技术进步。

钱纳里从结构转变角度，把各国的人均收入水平划分为六个变动时期。钱纳里认为第2—5阶段是工业化时期（见表3-1），第1阶段是初级阶段，第6阶段是发达时期，人均收入的不断提高是工业化的自然后果，综合反映了工业化的经济效益。因此，钱纳里模型已成为评价工业化阶段的重要理论之一。

表3-1　人均收入6阶段（人均GDP）（单位：美元）

阶段	1964年	1970年	1982年	1994年
第1阶段	100—200	140—280	364—728	946—1839
第2阶段	200—400	280—560	728—1456	1893—3786
第3阶段	400—800	560—1120	1456—2912	3786—7571
第4阶段	800—1500	1120—2100	2912—5460	7571—14196
第5阶段	1500—2400	2100—3360	5460—8736	141596—22714
第6阶段	2400—3600	3360—5040	8736—13104	22714—34070

三、西蒙·库兹涅茨从资源转换解释工业化

按照西蒙·库兹涅茨（Simon Kuznets）的定义，工业化过程即“产品的来源和资源的去处从农业活动转向非农业生

产活动"，这一定义从资源配置角度来研究工业化，并分别从投入和产出两个角度来研究工业化的特征。从产出的角度研究工业化的特征，"产品的来源"从农业活动转向非农业生产活动，说明了第二产业与第三产业创造的国民收入的增长；从投入的角度研究工业化的特征，"资源的去处"从农业活动转向非农业生产活动，具有深刻的内涵。

"不断进步的技术是现代经济增长的源泉。但它只是一种潜力，一种必要条件而非充足条件。要使技术得到有效的和广泛的利用，并使技术本身的进步通过这种利用而受到激励，那就必须进行制度上和思想意识上的调整。"

库兹涅茨根据 57 个国家国民收入原始统计，归纳出结论：随着经济增长，农业部门的国民收入和社会就业在整个国民收入和总就业中的比重均不断下降；工业部门国民收入比重大体上升，而社会就业比重大体不变或略有上升；服务部门国民收入比重大体不变或略有上升，而社会就业比重呈上升趋势。这种国民收入和社会就业在各产业间的变动，主要是由需求弹性和技术进步引起的：农业需求弹性低，技术进步难，因而农产品需求并不随居民收入大幅增加而同步增加，农业投资受"报酬递减"制约，因此，农业在国民收入和社会就业中的比重持续下降。工业需求弹性高，技术进步快，使得工业生产规模和效率都能较快提升，在国民收入中的比重不断提高；但同时技术进步使工业部门资本有机构成提高，对产业内部劳动力具有排斥性，与工业规模增加的就业两相抵消，在总就业中的比重趋于稳定。服务业需求弹性高，但由于产业进入门槛低，内部竞争激烈，使得服务业商品相对于工业品在价格上处于劣势，因而在国民收入中的比重难以上升。

根据对57个国家的原始资料处理结果，库兹涅茨整理出1958年按人均GDP为基准的产业结构变化趋势，同时，他还根据1958年国内生产总值进一步考察了59个国家1960年劳动力在三次产业中所占的份额，得出工业化五阶段理论，见表3-2。

表3-2　1958年人均国内生产总值基准水平（美元）及工业化五阶段产值和劳动力比重（单位：%）

人均国内生产总值	70美元		150美元		300美元		500美元		1000美元	
产业部门	产值比重	劳动力比重	产值比重	劳动力比重	产值比重	劳动力比重	产值比重	劳动力比重	产值比重	劳动力比重
第一产业	48.4	80.5	36.8	63.3	26.4	46.1	18.7	31.4	11.7	17
第二产业	20.6	9.6	26.3	17	33	26.8	40.9	36	48.4	45.6
第三产业	31	9.9	36.9	19.7	40.6	27.1	40.4	32.6	39.9	37.4

资料来源：[美]西蒙·库兹涅茨：《各国经济增长》，商务印书馆，1995年版，第118页、第210—211页。

第二节　比较经典的工业化战略理论

平衡增长与不平衡增长战略理论是发展经济学中关于发展中国家经济发展战略或工业化的重要理论。

一、平衡增长战略理论

所谓平衡增长，是指在整个工业或整个国民经济各部门中，按同一比率或不同比率同时、全面地进行大规模投资，通过各部门之间相互配合、相互支持的全面发展，来彻底摆脱贫困落后的面貌，实现工业化或经济发展。平衡增长理论依据其强调的侧重点不同，可分为三种类型：极端的平衡增长理论、温和的平衡增长理论和完善的平衡增长理论。

1. 极端的平衡增长理论

极端的平衡增长理论主张对各工业部门同时按照同一比率进行大规模投资，以此克服经济中存在的不可分性，使整个工业按同一速度全面增长，达到实现工业化的目标。这一理论的主要代表人物是罗森斯坦-罗丹。

罗森斯坦-罗丹（P. Rosenstein-Rodan）出身于波兰，是美国波士顿大学的经济学教授。1943 年，他在《东欧和东南亚国家的工业化问题》一文中指出，发展中国家要从根本上解决贫穷与落后的问题，关键在于实现国家的工业化，经济发展就意味着工业化，而实现工业化的首要障碍是资本形成不足。在资本形成不足的过程中，由于资本的供给、储蓄和市场需求具有不可分性，小规模的、个别部门的投资不能从根本上解决问题，必须对各个工业部门进行大规模投资，实行“大推进”式的经济发展战略，才能保证各工业部门生产的产品相互依赖，互为市场，使产品的生产与需求达到均衡。同时，罗森斯坦-罗丹指出，在工业化过程中，为了避免和控制某些部门过度增长或产品过剩，必须在投资时做到按同一投资率对各工业部门投入相应的资本，只有这样，才能保证各工业部门之间协调地、均衡地按同一增长速度推进，工业才能迅速发展，工业化才能实现。

第一，需求是不可分的。如果投资只集中于某一部门或行业，那就必须有充分的国内市场或有保证的国外市场，这一部门的产品才会有相应的需求，而发展中国家的产品出口困难是明显的。在其他部门没有得到投资的情况下，这一部门的产品，除小部分为该部门的投资所创造的收入购买外，大部分因没有产品市场而积压，从而对该部门的投资必然失败。因此，只有在各个部门同时进行广泛的大规模投资，使之互相提供产品需求，形成广大的市场，工业化才能顺利成功。

第二，资本供给同样具有不可分性。这首先是社会分摊资本（社会固定资本）供给的不可分性，社会分摊资本是指基础设施资本即交通运输设施、水电设施、教育体系等等。这些基础设施如果达不到一个最起码的规模，社会生产能力就不可能形成，因而必须用全面的大规模投资方法使社会分摊资本达到这个起点规模。

2. 温和的平衡增长理论

温和的平衡增长理论主张对工业、农业、外贸、消费品生产、资本品生产和基础设施等国民经济各个部门同时但按不同比率地进行大规模投资，以摆脱贫困恶性循环，使整个国民经济各部门按不同比率全面发展，实现工业化。这一理论的主要代表人物是纳克斯。

纳克斯（R. Nurkse）是美国著名的发展经济学家。1953年，他在《不发达国家的资本形成》一书中提出了著名的贫困恶性循环理论。纳克斯认为，发展中国家之所以穷就是因为它穷。也就是说，收入低下，导致供给方面储蓄水平太低，需求方面市场容量狭小，投资引诱不足，从而导致贫困恶性循环。要突破这一困境，只有对国民经济各部门进行大量投资，使经济增长率迅速上升到一定高度，人均收入增长突破一定限度，这样，才能形成广大而充足的市场，产生足够的投资刺激，为投资规模的进一步扩大、经济的进一步增长创造条件。纳克斯特别强调市场容量对经济增长的决定性作用，认为只有同时全面地在工业、农业、消费品生产、资本品生产和基础设施等多个部门进行投资，才能大幅度扩大市场，产生强大的投资诱惑力，也才能实现整个经济的全面快速增长，打破贫困恶性循环。

对所有部门进行全面投资和发展时，必须以各部门产品的需求价格弹性和收入弹性的大小，作为确定该部门的投资比率，而不是按照相同比率进行投资。需求和收入弹性大的部门，获得的投资比率就较大，需求和收入弹性小的部门应投入较小比率的资本。这是因为，需求和收入弹性大，表示这个部门发展不充分，潜在的市场空间比较大，生产扩张具有潜力，对这种部门多投资，不仅投资回报高，重要的是发展快。

工业和农业之间是相互依存、相互促进的关系，工业部门要依靠农业部门提供粮食，反过来农业也可以为地方工业的发展奠定基础。因此，第一，农业与消费品工业之间要保持平衡，因为农业生产率的提高，将使农业产出在满足农业劳动力的需求之后有了更多的剩余，从而导致农业部门对消费品的购买力增加。第二，农业与资本品工业，以及社会基础资本的供给之间也要保持平衡，因为农业生产需要这两方面的资本投入。

3. 完善的平衡增长理论

完善的平衡增长理论是一种折中的平衡增长理论，它介于极端的和温和的平衡增长理论之间，并综合了它们各自的特点而形成。这一理论的主要代表人物是斯特里顿（P. Streeten）。

斯特里顿强调，大规模投资能够克服供给方面的不可分性和需求方面的互补性，大规模投资对于保持各部门平衡增长具有重要性；依据各产业部门产品的收入弹性和价格弹性，确定对各产业部门不同的投资比率和增长比率，通过部门间不同比率的增长，实现平衡增长。他的理论综合了罗森斯坦-罗丹和纳克斯理论的特点，把平衡增长作为长期目标和过程，把不平衡增长作为实现平衡增长的手段和短期过程。因此，完善的平衡增长理论是一种动态平衡增长理论。

斯特里顿认为，由于发展中国家人们消费水平普遍较低，存在着一种“欲望合成代谢”，即当人们的某些基本欲望满足之后，会随即产生新的欲望，所以各部门的同时发展和产出的同时增长，并不能一次性地永远解决有效需求不足的问题。有些部门和产品的需求暂时得到满足，市场需求扩大之后，会因为人们的欲望转变和需求转移，而重新引起对它的有效需求不足，而其他部门的有效需求却出现过剩。为克服这一矛盾，就应当把投资集中起来，优先发展某些主导部门，实行不平衡增长。但这种不平衡增长并非永久性的，在实施了一定时期的不平衡增长后，一旦经济发展中的瓶颈被消除，就应当使国民经济各部门按一定比例平衡增长。

以上三种形式的平衡增长理论，都强调大规模投资的重要性和全面平衡地增长，区别只是方法上的不同。平衡增长理论的核心思想，是利用各部门之间相互联系和补充的关系来推动经济发展。

在现实世界中，平衡增长所要求的大规模投资、齐头并进，是发展中国家难以实现的，而且在资金有限、外汇短缺和人才不足的条件下，力量分散则一事无成。此外，发展中国家一般又缺乏翔实的资料来拟定可行的全面规划。尤其在发展初期，实施这种大推进平衡增长战略，会牺牲群众的目前消费，造成各方面的关系紧张。另外，采取这种战略必然要使经济管理体制走向高度集中，而高度集中的管理体制的建立，要取决于许多非经济因素，平衡增长的计划也就难以实施，平衡增长理论受到了不平衡增长理论的挑战。

二、不平衡增长战略理论

不平衡增长理论的主要代表人物是赫尔希曼（A. O. Hirschan）。他在1958年出版的《经济发展战略》一书中，指出平衡增长战略的不可行性，并提出了不平衡增长理论。不平衡增长理论尽管不可否认大规模投资对经济发展的促进作用，但它研究的重点不是如何全面投资，而是如何集中投资于某些部门，使投资用于最佳用途上。这一理论的主要观点是：发展中国家应当集中有限的资本和资源优先发展一部分产业，用优先发展的产业创造的资本推动其他产业的投资，从而带动全部产业的发展。赫尔希曼用引致投资最大化和联系效应原理论证了不平衡增长的合理性与适用性。

当一个国家的投资规模既定而且有限时，为了使选择的投资项目产生最高的效率并对经济发展做出最大贡献，应当选择那些引致投资最大化的项目。所谓引致投资最大化的项目，是指能通过自身发展带动其他项目发展的投资项目。从经济发展的角度看，许多投资项目都是经济发展所必需的，都可以创造引致投资，但是发展中国家资源短缺，不允许同时使用多项投资决策。到底优先选择哪个呢？其原则就是能刺激进一步的投资，产生最有效的投资效果，也就是能使引致投资最大化。

如果一国确定的引致投资最大化的项目是某一个生产性部门，并把它作为优先发展的项目，是否所有的生产性部门都齐头并进优先发展呢？为此，赫尔希曼提出了联系效应理论，认为应当选择联系效应最大化的产业部门。

所谓联系效应，是指国民经济中各产业部门之间存在的某种关系。这种关系可分为后向联系和前向联系两种形式。前向联系是指一个部门与吸收它的产出的部门之间的关系，例如，煤炭业的前向联系产业是以煤炭为原料的炼钢业。煤炭业的扩张会降低炼钢业的成本，从而促使炼钢业扩张。

后向联系是指一个部门与向它提供投入的部门之间的关系。例如，消费品工业的后向联系产业是机械制造业。消费品工业的发展会增加对机械设备的需求，从而促进机械制造业的发展。

一般来说，一个产业的后向联系部门通常是农产品、初级产品、原材料、半成品等生产部门，前向联系部门通常是制造品、最终产品等生产部门。有些产业可能既是后向联系部门又是前向联系部门，如机械制造业，既可以为钢铁业提供设备等资本品而成为后向联系部门，也能吸收钢铁工业的产品成为前向联系部门。

由于产业间的联系效应，一个产业的成长会带动与其有关联的其他产业的成长。但各个行业的联系效应的强弱是不同的。农业，特别是传统农业的联系效应就比较弱，初级产品产业几乎没有后向联系，汽车工业则有很强的后向联系。应该优先发展那些与其他产业有着最强的联系效应的产业。

赫尔希曼认为，后向联系的作用比前向联系更强。一个产业的后向联系，是通过增加对其他产业产品的需求，来促进其他产业的发展。前向联系是通过降低其他产业的某种投入品的价格，来促进其他产业的发展。对发展中国家而言，后向联系具有特别重要的意义，因为不发达经济的一个最典型的特征就是缺乏相互依存和联系，由于不存在中间产品市场，发展中国家的工业化，可以从生产最终消费品的行业起步，以本国的初级产品为原料，或暂时从国外进口原料、中间产品和资本品。随着这些“最终行业”的发展，它们对各种投入的需求不断增加，会吸引本国厂商来从事中间产品和资本品的生产，使本国产品逐步取代进口产品。这就是后向联系的作用。

赫尔希曼还认为，一个产业的联系效应，可以用该产业产品的需求价格弹性和需求收入弹性来衡量。价格弹性和收入弹性大，表明该产业的联系效应大，否则，联系效应小。同理，可以用价格弹性和收入弹性的大小，来测定一个产业的后向联系与前向联系的大小。凡是有联系效应的产业，不论前向联系还是后向联系，都能通过这个产业的扩大而产生引致投资。引致投资不仅能促进前向联系、后向联系部门的发展，反过来还可以推动该产业的进一步扩张，使整个产业部门得到发展，实现经济增长。因此，一个国家在选择工业化模式时，应当选择联系效应最大的产业优先发展，走不平衡增长道路，以加快经济发展进程。

第三节　中国的工业化发展及其战略选择

一、中国工业化的近期进程

改革开放以来，为了促进我国不同区域之间协调发展的经济格局，国家适时地调整区域发展政策，注重发挥各地区工业发展优势，战略导向经历了不平衡发展到协调发展的转变。进入 21 世纪以来，一方面继续发挥沿海地区在外向型、生产加工基地的优势，鼓励东部地区率先发展；另一方面针对各地区实际情况，2000 年推出了“西部大开发战略”，2003 年推出了“实施东北地区等老工业基地振兴战略”，2005 年推出“促进中部地区崛起”的区域发展战略，促进区域经济协调发展。

中国工业化进程可以分为两大阶段：一是传统计划经济体制下工业化道路时期，二是改革开放以后的中国特色的工业化道路时期。就中国整体工业化水平而言，按照汇率—购买力平价法计算，到“十一五”时期结束的 2010 年，中国的工业化综合指数为 66，处于工业化中期后半阶段，已经基本走完了工业化中期阶段。截至 2010 年，在全国四大经济板块中，东部地区已进入工业化后期的后半阶段，东北部地区处于工业化后期的前半阶段，中部地区处于工业化中期的后半阶段，西部地区处于工业化中期的前半阶段。就各省、直辖市和自治区的工业化水平而言，上海、北京已进入后工业化阶段；天津、浙江、江苏、广东处于工业化后期的后半阶段；辽宁、福建、山东、重庆、内蒙古处于工业化后期的前半阶段；吉林、湖北、河北、宁夏、青海、湖南、江西、河南、安徽、陕西、四川、黑龙江处于工业化中期的后半阶段；广西、山西、甘肃、云南、贵州处于工业化中期的前半阶段；新疆、海南、西藏则处于工业化前期的后半阶段。

改革开放以来，中国工业化进程的特征可以概括为：人口众多的大国工业化、长期快速推进的工业化、低成本出口导向的工业化、区域发展极不平衡的工业化。虽然中国工业化取得了巨大的成就，但是，当工业化进程推进到工业化后期，继续保持长期高速推进、低成本出口导向的工业化进程已经无法实现，需要向中高速、基于创新的差异化、内外需协调和区域平衡的发展“新常态”转变，这事关中国能否最终实

现全面工业化。

在国际上，中国确立了在国际分工中的“世界工厂”地位，成为全球工业品消费市场的主要供应者和生产加工基地。2006年，中国产品出口贸易额占世界出口额的比重已经达到了8%，服装出口额占世界服装出口额的30.6%，纺织品占22.3%，办公和通信设备占19.8%，机械和运输设备占10.5%。[①] 中国国内广阔的市场、优惠的政策、低廉的成本、相对完整的工业配套体系，吸引大量的外商直接投资进入中国的工业部门，尤其是1995年和2003年形成两个增长高峰。这些以跨国公司为主导的外商投资，从全球网络的角度进行生产和运营，进一步强化了中国作为世界性生产加工基地的地位，也推动了中国出口工业的快速增长。

在中国经济的改革和开放中，工业是发展最快的产业，到2010年，成为仅次于美国的世界第二大经济体。在中国工业的出口竞争力显著增强的同时，中国工业的发展还成为其他一些重大进步的条件和手段，中国的修路、架桥、打隧道、建机场、造城市的能力，也逐步走向国际化。

“十二五”以来，国际金融危机和世界经济缓慢回升，中国工业保持了平稳较快发展态势，2010年中国工业增加值为160722亿元，2014年增至227991亿元，年均增长速度达到8.3%，超过“十二五”期间年均增长8.0%的目标值。但是，工业增加值增速呈现逐年下降的趋势，从2011年的

① 国家统计局贸易外经统计司:《2007中国贸易外经统计年鉴》，中国统计出版社，2008年版。

10.4%下降到 2014 年的 7.0%，2015 年上半年进一步下降到 6.3%。[①] “十二五”时期工业对 GDP 增长的贡献率和拉动作用不断降低。

二、近期中国工业化发展战略

1. 西部大开发战略与产业的西部转移

中央政府于 1999 年提出实施“西部大开发”的战略构想，旨在通过国家对西部地区基础设施建设、生态环境保护，和其他各项社会事业发展等给予财政倾斜，以推进西部地区快速发展，实现经济发展格局的战略性调整，促进各地区均衡协调发展，这是一种比较典型的不平衡发展战略。2000 年 10 月，中国共产党第十五届五中全会通过的《中共中央关于制定国民经济和社会发展第十个五年计划的建议》，把实施西部大开发、促进地区协调发展作为一项战略任务，强调：“实施西部大开发战略、加快中西部地区发展，关系经济发展、民族团结、社会稳定，关系地区协调发展和最终实现共同富裕，是实现第三步战略目标的重大举措。”

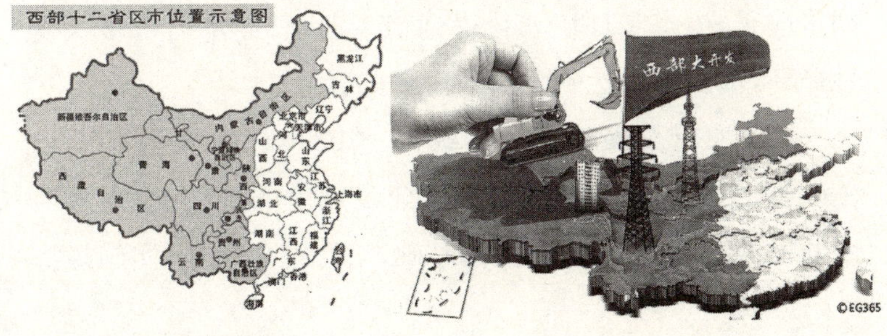

① 国家统计局：2010—2015 年《中国统计年鉴》，中国统计出版社。

实施西部大开发的地域范围，包括内蒙古、广西、重庆、四川、贵州、云南、西藏、陕西、甘肃、青海、宁夏、新疆 12 个省、直辖市、自治区，其土地面积占全国的 71.4%，2013 年末人口占全国的 26.92%，实现 GDP 占全国的 22.15%。① 自实施西部大开发战略至 2012 年，西部大开发累计新开工重点工程 187 项，投资总规模 3.68 万亿元。在这期间，多个重点工程已经开始运作或是已经竣工，比如：西藏铁路、南水北调、西气东输、北煤南运、西油南输、西电东送、西棉东调、南菜北运等等。

西部大开发总体规划，按 50 年划分为三个阶段：

（1）奠定基础阶段。从 2001—2010 年，重点是调整结构，搞好基础设施、生态环境、科技教育等基础建设，建立和完善市场体制，培育特色产业增长点，使西部地区投资环境初步改善，生态和环境恶化得到初步遏制，经济运行步入良性循环，增长速度达到全国平均增长水平。

（2）加速发展阶段。从 2011—2030 年，在前段基础设施改善、结构战略性调整和制度建设成就的基础上，进入西部开发的冲刺阶段，巩固提高基础，培育特色产业，实施经济

① 国家统计局，2014 年《中国统计年鉴》，中国统计出版社。

产业化、市场化、生态化和专业区域布局的全面升级,实现经济增长的跃进。

(3) 现代化阶段。从 2031—2050 年,在一部分率先发展地区增强实力,融入国内国际现代化经济体系自我发展的基础上,着力加快边远山区、落后农牧区开发,普遍提高西部人民的生产、生活水平,全面缩小差距。

西部大开发战略实施以来,在中央政府财政倾斜和相关政策优惠的驱动下,西部地区工业化进程和居民可支配收入等都取得了飞速发展,各主要经济指标几乎都翻了两番。西部 12 个省市区以重点项目建设和技术改造为重点,加速推进工业化进程,工业生产和经济效益保持同步增长。一批具有地区资源优势、区域优势的产业群已经形成,特别是以煤炭、电力、化工、冶金、电子及农畜产品加工为主的支柱产业的形成,为西部地区工业生产增速注入了新的活力。

但是从各区域间横向比较来看,西部地区 GDP 增长速度还是显著低于东部地区,同时也略低于中部地区。以 1999—2007 年间为例,东部地区 GDP 增长了 235%,年均增长 11.27%,而西部地区 GDP 年均增长率仅为 9.84%。① 由

① 国家统计局:1999—2008 年《中国统计年鉴》,中国统计出版社。

于东部地区经济发展水平明显领先西部地区，其经济增长基数更大，东西部地区之间经济发展不均衡的格局并未得到改善，东西部地区之间经济发展水平的差距，不仅没有因为西部大开发战略的实施而有所缩减，反而呈现进一步扩大的趋势。

2. 振兴东北老工业基地战略

20 世纪 90 年代以前，东北地区是我国经济发达的地区，同时也是我国最重要的工业基地。然而随着改革开放的深入，东北地区的经济发展速度，逐渐落后于东部沿海地区，基于此，国家提出了东北地区等老工业基地振兴战略。2002 年，中国共产党"十六大"首次提出东北老工业基地振兴战略。2007 年 8 月，国务院发布了《东北地区振兴规划》，规划中系统分析了东北地区经济、社会、环境以及区域经济发展过程中的矛盾和问题，进一步明确振兴东北老工业基地的阶段性目标、实施步骤和战略重点，对振兴东北老工业基地战略的实施具有重要意义。2009 年 9 月，国务院再次发布了《关于进一步实施东北地区等老工业基地振兴战略的若干意见》，为全面推进东北老工业基地振兴提出了 28 条意见。

1996—2001 年期间，东北三省 GDP 平均增长速度都在 10%以下。而 2003 年以来，GDP 平均增长速度都在 10%以上，并呈现逐年加快的趋势。2009 年，东北三省地区生产总值达到 3.1 万亿元，与 2003 年相比翻了一番多，年均增长 12.3%，人均 GDP 实现 2.9 万元左右，达到中等国家收入水平。其中，2006—2008 年，东北三省的地区生产总值年增长率平均为 13.7%，超过全国平均水平 0.8 个百分点，也远高于东部沿海地区、中部地区和西部地区，是改革开放以来增长最快的时期。①

表 3-3 2003—2008 年中国各地区 GDP 增长率的变化

年份	增长率(%)					相对增长率(以全国为 1)			
	全国	东部地区	东北地区	中部地区	西部地区	东部地区	东北地区	中部地区	西部地区
2003	12.1	13.4	10.8	10.8	11.5	1.11	0.89	0.89	0.95
2004	13.4	14.4	12.3	13.0	12.9	1.07	0.92	0.97	0.96
2005	12.8	13.5	12.0	12.7	13.1	1.05	0.94	0.99	1.02
2006	13.7	14.2	13.5	13.1	13.2	1.04	0.99	0.96	0.96
2007	14.2	14.2	14.1	14.2	14.5	1.00	0.99	1.00	1.02
2008	11.7	11.1	13.4	12.2	12.4	0.95	1.15	1.04	1.06
2006—2008	12.9	12.6	13.7	13.2	13.4				
2003—2008	13.2	13.5	13.1	13.0	13.2				

东北老工业基地振兴战略实施以来，原有优势工业的升级改造取得了成效，尤其在重大技术装备制造业方面，高档数控机床和基础制造装备、核电技术设备、特高压输变电设备制

① 国家统计局：1997—2009 年《中国统计年鉴》，中国统计出版社。

造等方面实现了技术升级，汽车、铁路客车、轮船及钢铁和化工原材料，进行了一系列技术创新。但长期以来东北地区重化工业比重较大，低效益、高耗能、低附加值的企业较多，经济发展活力不足，这种状况没有明显改变。振兴政策实施以来的项目布局，仍然集中在石化、钢铁和装备等优势工业部门，这进一步加大了产业结构调整的难度。2003 年，东北一、二、三产业增加值占 GDP 的比重分别为 12.4%、50.7% 和 36.9%，2008 年分别为 11.7%、53.0%和 35.3%，第二产业比重增加，这与全国的发展趋势相反。2008 年东北第三产业增加值占 GDP 的比重低于全国 4.8 个百分点，相反第二产业增加值占 GDP 的比重却高出全国 4.4 个百分点。①

总体来看，实施东北地区等老工业基地振兴战略以来，东北地区经济社会发展加快，改革开放以来被拉开的发展差距逐年缩小，赶上了全国平均增速。东北地区率先实行了免除农业税等惠农政策，作为全国商品粮和肉食供应基地的地位日益突出。以国有企业改组改制为重点的体制机制创新取得进展，对外开放水平明显提高，企业技术进步成效显著，结构调整步伐加快。

3. 促进中部地区崛起规划

中部地区包括山西、安徽、江西、河南、湖北、湖南 6 省，土地面积占全国的 10.7%，2010 年人口占全国的 26.6%。中部地区地处内陆腹地，交通位置优越，人口众多，自然、文化和旅游资源丰富，工农业基础较好，资源环境承载能力较强，是全国重要的农产品、能源、原材料和装备制造业基地。

① 国家统计局：2004—2009 年《中国统计年鉴》，中国统计出版社。

新中国成立以来，中部地区为全国的工业化和现代化建设做出了巨大贡献。

然而，在改革开放以来，由于多方面的原因，中部地区增长速度较为缓慢，经济发展相对水平出现下降。1981 年，中部地区人均地区生产总值(GRP)相对水平为 80.4%，1990 年下降到 76.6%，到 2003 年已下降到 65.7%。这种情况被一些学者称为“中部塌陷”(周绍森、王志国、胡德龙，2003；刘乃全、张学良，2005)。

促进中部地区崛起，构建良性互动的协调发展新格局，是深入贯彻落实科学发展观，全面建设小康社会的客观需要，也是中国特色社会主义的本质要求。为此，继中央提出实施西部大开发、振兴东北老工业基地战略之后，2004 年 1 月中央经济工作会议首次提出“促进中部崛起”。2005 年 10 月十六届五中全会通过的《中共中央关于制定“十一五”规划的建议》,明确将促进中部地区崛起纳入国家区域发展总体战略。

自战略实施以来,中部地区的经济发生了很大的变化。2011 年,中部地区的地区生产总值达到 10.4 万亿元,占全国的比重提高到 20.1%;人均生产总值为 2.9 万元,相当于全国平均水平的比率提高到 83.4%。[①] 整体上看,中部地区的地区生产总值年均增长 13%,比“十五”时期多了 2 个百分点,高于全国同期水平。

2011 年中部地区粮食产量 1.73 亿吨,较 2005 年增长 16.6%,原煤产量突破 13 亿吨,比 2005 年增长 45.7%。[②] 煤炭行业集约化、规模化水平有了较大提高;电力生产输送能力增强,建成世界首条投入商业运行的特高压输电线路;现代装备和高新技术产业蓬勃发展,自主创新能力和产业技术水平提升,优势企业和产品幅度大幅增加。

但也要看到,中部地区农业基础地位并不稳固,受自然因素、收入水平、工业化城镇化进程等的影响,粮食稳产增产难度较大,中部地区产业结构仍不够优化,现代农业发展滞

---

① 国家统计局:2012 年《中国统计年鉴》,中国统计出版社。

② 国家统计局:2006、2012 年《中国统计年鉴》,中国统计出版社。

后，第二产业比重过高，且比较“重”，服务业特别是现代服务业发展不充足，现代装备制造及高新技术产业所占比重均低于东部地区，存在产业集中度低、创新能力不足、产品附加值不高的问题；交通基础设施瓶颈仍然突出，交通干线运输压力较大，长江黄金水道的运能没有充分发挥，民航运输相对滞后。

三、“十三五”时期面临的重要机遇

1. “中国制造 2025”战略推进的机遇

中国是世界制造业大国，2012 年制造业增加值占全球比重超过 20%。然而，中国并非制造业强国，2012 年制造业增加值率仅为 21.5%[①]，而工业发达国家均大于 35%；制造业增加值约占我国 GDP 的 32.6%，但其能源消费却占全国能耗的 58%。近年来，随着要素价格上涨和环境规制趋紧，中国制造业赖以发展的传统比较优势正在弱化，并且面临着发达国家和发展中国家双重挤压。

李克强总理在 2015 年的《政府工作报告》中提出“中国制造 2025”战略，以应对新工业革命和科技变革的挑战。《中国制造 2025》立足于我国转变经济发展方式的实际需要，围绕创新驱动、智能转型、强化基础、绿色发展、人才为本等关键环节，以及先进制造、高端装备等重点领域，实施加快制造业转型升级、提质增效的重大战略任务和重大政策举措，力争到 2025 年使我国从制造业大国迈入制造业强

① 国家统计局：2013 年《中国统计年鉴》，中国统计出版社。

国行列。

实施“中国制造 2025”战略，就是要推动制造业由创新驱动实现转型升级，促进制造业从全球价值链的低端走向高端，从资源依赖型、环境破坏型、劳动力与资本密集型的传统制造模式，转变为资源节约型、环境友好型、创新驱动型的可持续发展模式。新工业化时期，制造业面临新的时代特征，即全球化市场竞争趋于激烈、人类环境保护意识增强、资源有限导致要素价格上涨、科学技术发展加速、信息大量广泛分布和大数据应用、用户需求升级且个性化特征明显、产品与技术的知识含量增加、知识产权和技术标准更加重要。在这一时代背景下，“中国制造 2025”将以制造业数字化为核心，融智能制造、互联制造、个性化制造、绿色制造于一体，推动技术要素和市场要素配置方式发生变化，进而实现制造业强国方略。

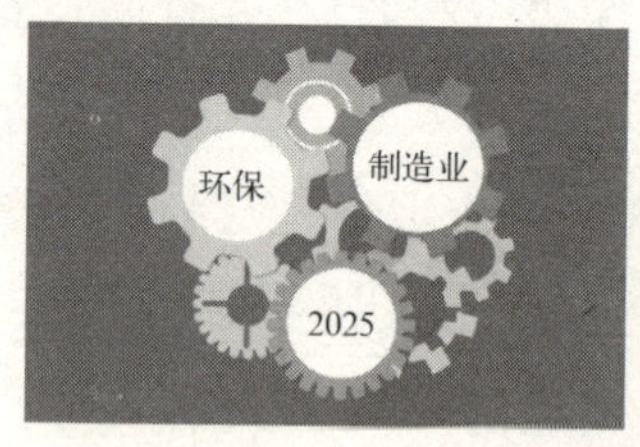

《中国制造 2025》具体规划了未来发展的十大重点领域：① 集成电路及专用装备、信息通信设备等新一代信息技术；② 高档数控机床和机器人；③ 以大型飞机、新一代运载火箭、重型运载器为代表的航空航天装备；④ 深海探测等海洋工程装备及高技术船舶；⑤ 绿色智能、高速重载轨道等先进轨道交通装备；⑥ 电动汽车、燃料电池汽车等

节能与新能源汽车；⑦ 超大容量水电机组、核电机组、重型燃气轮机等电力装备；⑧ 大型拖拉机及其复式作业机具、大型高效联合收割机等高端农业装备；⑨ 金属功能材料、高性能结构材料、功能性高分子材料、特种无机非金属材料和先进复合材料等新材料；⑩ 针对重大疾病的化学药、中药、生物技术药物新产品及高性能医疗器械等。这实质上给未来中国工业发展尤其是高端产业指明了具体的创新和成长方向。

同时，《中国制造 2025》提出了分三步走的战略目标：第一阶段（到 2025 年），基本实现工业化任务，中国进入全球制造强国的行列，迈入制造业强国的第二梯队；第二阶段（到 2035 年），中国制造强国指数达到全球制造强国第二梯队前列的水平，成为真正意义的制造业强国；第三阶段（到 2045 年），迈入世界制造业强国的第一方阵，成为在全球具有引领、带动作用的制造强国。

“十三五”时期是实施《中国制造 2025》的第一个五年，是中国走向制造强国之路的第一个台阶，是能否实现制造强国梦的重要奠基阶段。围绕“1＋N”架构的《中国制造 2025》，国家将细化出台一系列政策措施，包括深化体制机制改革、完善金融扶持政策、加大财政税收政策的支持力度、形成多层次的人才培养体系、完善中小微企业和创业政策、进一步提升对外开放水平等。《中国制造 2025》提出的一系列战略和政策安排，将为“十三五”时期中国制造业转型升级提供有利的政策环境。

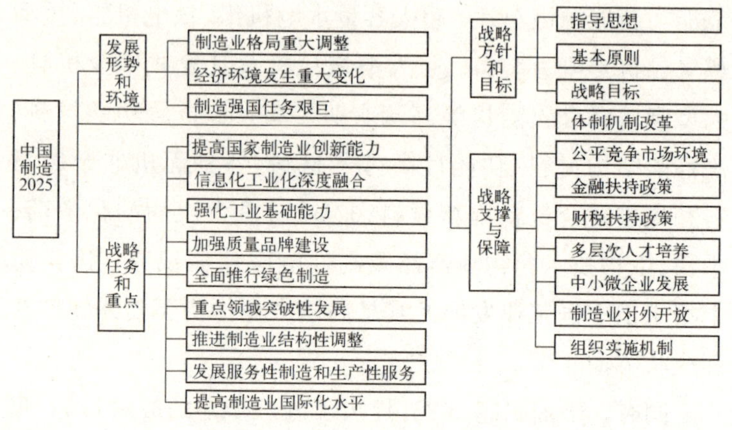

图 3-1　中国制造 2025 框架图

2. “第三次工业革命”

美国提出《制造业行动计划》，德国提出工业 4.0 计划，欧洲提出《未来工厂计划》等等，制造业信息化和制造业服务化，成为当今世界工业化进程的两个重要趋势。制造业信息化表现为人工智能、数字制造、工业机器人等基础制造技术和可重构制造、3D 打印等新兴生产系统的技术突破和广泛应用，构成了“第三次工业革命”的主要内容。但是应该认识到，“第三次工业革命”实质是一个由信息技术创新印发的内涵丰富的、多层次的、已经发生突破但仍处于演进中的工业系统变革。

“第三次工业革命”成为世界工业化进程的新趋势，这种趋势对中国工业化进程可能会形成以下冲击和挑战：

一是进一步弱化中国的要素成本优势。“第三次工业革命”加速推进了先进制造技术应用，必然会提高劳动生产率、减少劳动在工业总投入中的比重，中国的比较成本优势则可能会加速弱化。

二是对中国产业升级和产业结构升级形成抑制。现代制造技术的应用,提升了制造环节的价值创造能力,使得制造环节在产业价值链上的战略地位,将变得与研发和营销同等重要。发达工业国家,不仅可以通过发展工业机器人、高端数控机床、柔性制造系统等现代装备制造业,来控制新的产业制高点,还可以通过运用现代制造技术和制造系统,装备传统产业来提高传统产业的生产效率,这样的技术变革,为发达工业国家重塑制造业和实体经济优势提供了基础,曾经转移到发展中国家的某些生产活动,有可能向发达国家回流,导致制造业重心再次向发达国家偏移。

三是影响中国的收入分配结构的改善。对于提高劳动报酬的机制,虽然一般可以通过税收等制度设计,提高劳动在初次分配和二次分配中的比重,但更根本、更有效、对要素市场扭曲最小的方式,是为劳动者创造更多高劳动生产率的工作岗位。然而,在一般劳动者素质不能够大幅度提高的情况下,"第三次工业革命"的推进,会造成职工的失业,或低素质者被锁定在低附加值的简单劳动环节中。也就是说,"第三次工业革命"会加大中国实施新型工业化战略的难度,但其对中国也是一种机遇,这种机遇不是简单纳入全球分工系统、扩大出口的传统机遇,而是倒逼中国工业转型升级的新机遇。

第四章 技术进步及其相关理论

经济学中，技术是生产过程中将投入转化为产出的方式。若给定一个总生产函数 $Y=F(K,L)$，那么，生产的技术由函数 $F()$ 给出。

技术进步意味着一定量的投入能生产更多的产出。一般地，技术进步有三种类型：资本节约型，指劳动的边际生产率大于资本的边际生产率。劳动节约型，指资本的边际生产率大于劳动的边际生产率；中性的技术进步，指在一定的资本劳动比例条件下，劳动与资本这两种生产要素的边际生产率同比例增长。

经济学家在研究技术进步对经济增长的作用时，是在生产函数的理论基础上展开的。从传统的投入要素与产出增长之间的生产函数关系中，经济学家发现资本与劳动投入的增加只能部分解释产出的增长。对技术进步比较经典的解释方法，是柯布—道格拉斯生产函数，

如公式：$Y_o=Y_T+\alpha Y_K+\beta Y_L$ (1)

即年产出增长率除了部分地可由资本产出增长率和劳动产出增长率来解释外（α 和 β 分别为产出对于资本和劳动的弹性系数），还有一部分是由剩余项来解释的。经济学家将此剩余项称为技术进步。

掌握技术的方法主要有：

第一种方法是学习，包括三种模式。① 留学模式，去国外读书学习，掌握国外的先进知识理念、文化传统和技术文明。② 学徒模式。鼓励和派遣本国的个人，到国外进行劳务打工，通过当学徒，学习掌握先进的技术。③ 购买模式。直接购买或通过其他渠道获得国外的先进技术，通过对照说明书，或卖方的简单介绍、指导进行学习掌握。

第二种方法是干中学，即边干边学（Learning by Doing），也就是通过在实践的劳动过程中，不断掌握新的知识和技能，比如在制造业、IT 业。往往是在入职时掌握了一定的基础知识，然后通过在工作劳动过程中，再逐渐学习更高深的知识技能。

第一节　几个经典的技术进步理论

一、索罗的新古典增长理论

索罗（Robert Solow）认为，技术进步在短期的表达含义是："生产函数任何一种形式的移动（变化）"，"经济的加速和减速、劳动力教育状况的改进，以及各种各样使得生产函数发生移动（变化）的因素，都可以归入技术进步之中"。由此可见，索罗关于技术进步的含义比较宽泛，即影响生产函数移动（变化）的一切因素都是技术进步，其中主要体现在新的资本存量中的技术成果、教育和劳动力素质的改善等。

以索罗为代表的新古典增长理论认为，在现实的经济增长中，人均收入的增长率快于劳动和资本这些要素投入的增长率,这中间有一个“残差”难以解释。后来经济学家把这种“残差”看成是全要素生产率(TFP)的提高,而它主要是技术进步带来的。索罗在他的模型中把技术进步包括了进来:

$$Y_t = AK_t^{1-\alpha}(LX_t)^{\alpha} \tag{2}$$

其中 K 和 L 是资本和劳动,X 为外生的技术,它以不变的速率扩张,A 代表技术进步、人力资本等其他未显示的进入生产函数的增长因素,即残差。通过在经济增长模型中引入技术进步,新古典增长理论说明了技术进步是经济增长的主要源泉。因而在该理论中,经济增长不仅取决于资本和劳动的投入,还取决于技术变化因素,技术进步是决定经济增长的重要力量。这一重要结论,对政府制定经济增长政策的影响是及其深远的。

二、丹尼森的知识进步理论

丹尼森(E. F. Denison)等人对经济增长的统计分析证实了索罗的观点并有新的发现:在经济增长的计量中,一些国家经济的总增长率远远大于资本和劳动等要素投入的增长率,产生了一个“余值”。这个“余值”无法用要素投入来解释。余值的发现说明资本和劳动投入对总增长率的贡献逐渐减少,而知识、技术进步等因素成为经济增长的主要源泉。丹尼森认为,影响实际国民收入增长的因素主要有两个:一是总投入,二是单位投入产出。其中单位投入产出主要是资源配置的改善、规模节约和知识进步三种因素的贡献。在这几个因素中,知识进步是最重要的一个因素。知识进步能使同样的劳动、资本和土地的投入量生产出更多的产品，或者说生产同量的产品只需要更少的投入量。丹尼森指出：在经济增长的诸多因素中，只有知识进步是无法估算出来的，只能把它作为“剩余”估算出来，即从经济增长率中减去所有其他增长因素的作用后，剩下的数字就是知识进步对增长率的贡献。

在这个意义上，丹尼森把知识进步称为“剩余的剩余”。其实，丹尼森所谓的“知识进步”与其他一些西方经济学家所说的“技术进步”非常相似，不同之处在于，知识进步并不把工人受教育年限的增长和规模节约、资源配置的改善包括在内。

三、肯德里克的“全部要素生产率”分析

肯德里克(J. Kendnick)是与丹尼森同时期的美国经济学家。肯德里克把劳动生产率称为“部分生产率”。他所说的“全部要素生产率”就是产量和“全部要素投入量”之比。全部要素投入量则包括劳动、资本和土地三个要素在内。由于资本和土地都是“非劳动性生产因素”，他就把土地归并到资本中去，把生产要素简化为劳动和资本两部分。而全部要素生产包括资源配置的改善和技术革新的扩散程度。

根据现在的理解，技术进步的作用就在于提高要素生产率，使原有的生产要素组合量生产出更多的产量，或者说生产同以前一样多的产量所需要的生产要素组合量更少。所以，全部要素生产率就是广义的技术进步。

根据丹尼森和肯德里克以及其他经济学家的研究，技术

进步可以包括为以下几个方面：

（1）知识进展。主要包括技术知识和管理技术的知识。知识进展可以说是本来意义上的技术进步，它和科技以及管理水平的变化直接相关，从而直接影响生产和其他经济活动的效益。

（2）生产要素质量的增长。包括劳动者通过教育和培训增加了知识和技能，劳动者年龄性别构成的变化，劳动者健康状况和改善所带来的劳动力质量的提高，由于设备利用率和设备新旧程度的变化等等因素所体现的资本质量的提高。生产要素质量的变化，既是知识进展在物质投入要素上的体现，也是知识进展得以发挥实际效果的前提条件。

（3）资源配置的改善。包括农业过剩劳动力向工业的转移，以及非农产业的独立经营者（主要指小业主及其家属）向其他现代部门的转移等。由于在转移过程中资源配置效率在新的技术基础上得到改善，生产要素所生产的产品价值便趋于提高。

（4）规模节约，亦称规模经济。它是指所有生产要素增加时，由于生产规模的扩大而带来的经济效益：收益递增、成本递减。

四、罗默的知识溢出模型

罗默（Paul M. Romer）继承了用技术外部性解释经济增长的研究思路，强调规模报酬递增规律在长期经济增长中的地位，建立了知识溢出模型，在模型中知识是经济系统决定的内生变量。同时知识具有溢出效应，任何厂商生产的知识都能提高全社会的生产率。他认为，知识溢出的存在造成厂商的私人收益率低于社会收益率，在没有政府干预的情况下，厂商用于知识的投资将太少，使得市场竞争过于分散，经济增长率达不到社会最优增长率。所以，政府可以采用补贴或税收政策进行干预，提高经济增长率和社会福利水平。

罗默的基本模型为：

$$Y_t = AK_t^{1-\alpha}L^{\alpha}K_t^{\beta} \tag{3}$$

其中K代表总的资本存量，它具有外部性和规模报酬递增的性质。在此知识积累模型中，技术进步体现在知识的生产中，从而使得技术进步内生化。该模型的结论是：内生技术进步可以提高投资的收益，投资又会引起知识存量的增加，知识存量的增加又会加速内生技术进步的步伐。一方面，在这种正的反馈中，专业化知识可以产生"内生经济效应"，给个别企业带来垄断利润，而垄断利润的形成是个别企业开发新产品的资金来源；另一方面，一般知识可以产生"外在经济效应"，使整个经济系统获得规模经济效应。知识的积累通过内在和外在效应，不仅使一种产品的生产过程收益递增，而且可以使资本和劳动力等其他物质要素的收益增长；它不仅可以给个别企业带来递增的收益，而且也可以给全社会带来递增的收益。所以，知识积累会使长期稳定的经济增长得以实现，是现代经济增长的源泉。

五、卢卡斯的人力资本模型

在卢卡斯(Robert E. Lucas)的人力资本模型中，卢卡斯将人力资本作为一个独立的要素纳入经济增长模型，运用更加微观的方法把索罗的技术进步和罗默的知识积累具体化为每个人的专业化的人力资本，以期解释持续经济增长的问题。其模型可以简化为：

$$Y_t = BK_t^{1-\alpha}(LH_t)^{\alpha} \tag{4}$$

其中 Ht 为经济中代表性厂商的人力资本水平。在卢卡斯的人力资本模型中，技术进步体现在人力资本的生产中，从而使得技术进步内生化。该模型的结论是：人力资本的内在影响和外在影响不仅使一种产品的生产过程产生递增的收益，而且可以使物质资本和劳动力等其他物质要素的收益递增。因而通过人力资本的使用，整个经济系统具有递增的收益。所以，人力资本积累是经济持续增长的动力和源泉。

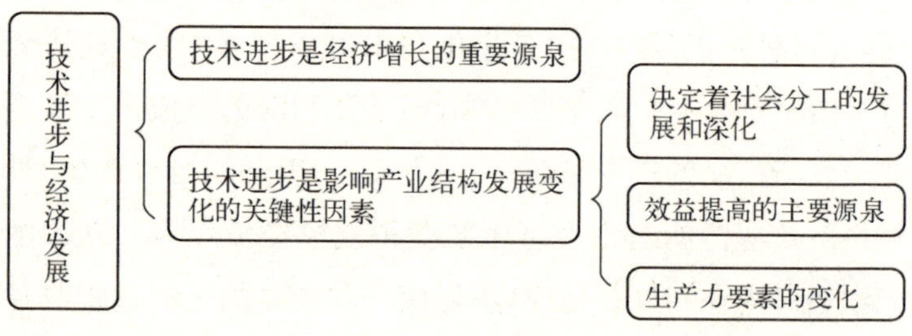

20 世纪 50 年代以来，一些经济学家利用世界各国的统计数据，运用经济增长因素的合算方法估算科技进步对经济增长的贡献。以丹尼森、肯德里克为代表的经济学家比较了发达国家经济增长因素的差异；麦迪逊（A. Maddison）、纳迪里（M. Nadiri）等经济学家又根据类似的方法考察了发展中国家经济增长的状况。尽管计算方法和数据选取存在差异，但是殊途同归，总的结论表明技术进步对发达国家经济增长的作用要大于发展中国家。

世界银行在《1991年世界发展报告》中，考察了1960—1987年间68个发展中国家和地区的经济增长情况，比较了增长因素的贡献份额在发展中国家与发达国家之间的差异，见表4-1。所谓贡献份额是指全要素生产率的增长率与总产出的增长率之比，或者投入要素导致的产出增长与总产出的增长之比。

表4-1　1960—1987年抽样的世界各国由要素投入物的增长表明的产出增长的百分比(单位:%)

地区或组别和时期	资本	劳动力	全要素生产率
发展中国家 1960—1987年			
撒哈拉以南非洲	73	28	0
东亚	57	16	28
欧洲、中东和北非	58	14	28
拉丁美洲	67	30	0
南亚	67	20	14
总计	65	23	14
部分发达国家 1960—1986年			
法国	27	−5	78
德国	23	−10	87
日本	36	5	59
英国	27	−5	78
美国	23	27	50

资料来源：发展中国家的数据来源于世界银行，发达国家的数据来源于Boskin和Lau1990。见：谭崇台：《发展经济学概论》，武汉大学出版社，1992年版，第192页。

从表4－1可以看出，在影响发展中国家经济增长的因素中，资本投入的贡献份额最大，除了一些新兴工业化国家之外，技术进步对大部分发展中国家经济增长的作用微不足道。在经济发展的初步阶段，资本积累或者要素投入是发展中国家影响经济增长的主要因素，而对于发达国家来说，技术进步则是经济增长的主要动力。

第二节　关于技术引进的理论

发展中国家与发达国家在技术水平上存在着较大的差距，这种差距是两者在技术、资本、人力资源、管理水平等方面的综合反映。发展中国家在自主研究开发、自主进行技术创新的同时，引进先进的技术具有重要意义。

一、技术差距理论

技术差距理论首见于20世纪60年代，它的创始人是波西纳（M. Posner）和哈弗鲍尔（G. C. Hufbauer）。该理论认为发达国家的技术创新会导致发达国家和发展中国家的技术差距。世界各国间技术差距无非两种情况：一是发达国家间的技术差距；二是发展中国家间的技术差距。世界各国之间的技术差距是国际技术转让的前提条件。

技术差距理论认为：国际间的技术差距导致了某项技术或产品的国际贸易和国际技术转让，而国际贸易和国际技术转让的结果是差距的缩小并最终消除。技术上领先的国家往往先开发出一种新产品的生产技术或生产工艺，那么它在

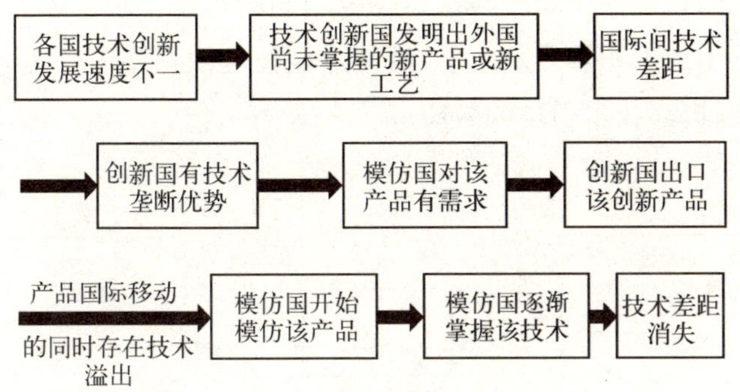

图4-1　技术差距理论图示

一定时期内就享有出口技术密集型产品的比较优势。随着该技术产品国际贸易的扩大，为进一步追求特殊利润，技术创新国家可能会通过各种途径和方式进行技术转让，其他国家亦会因该项技术及其产品在经济增长中的示范效应，或进行研究与开发，或进行技术引进，最终掌握该项技术，使技术差距逐渐缩小。最终贸易流的走向随之发生变化，技术模仿国成为该产品的出口国，技术领先国由原来的出口国转变成进口国。但是这种技术转移存在一定的时滞性。因为在现实中，发展中国家在技术转移过程中会力图缩短模仿时滞（包括反映时滞和掌握时滞），消灭技术差距。而发达国家往往是技术的领先国，不可能轻易地放弃它在此产品或工艺上的优势地位，会尽可能地采取反仿制措施减缓技术的外移，同时，发达国家会在原有技术优势的基础上继续研发出新的标准和功能，以阻碍相类似产品的进口。

技术差距理论是用技术进步因素，对发达国家和发展中国家间的技术转移的最新解释。对于发展中国家而言，技术引进的目的在于缩小与发达国家之间的技术差距。因而，应从减小技术积累差距入手，研究造成技术积累差距的各方面因素，提高技术引进的效应。

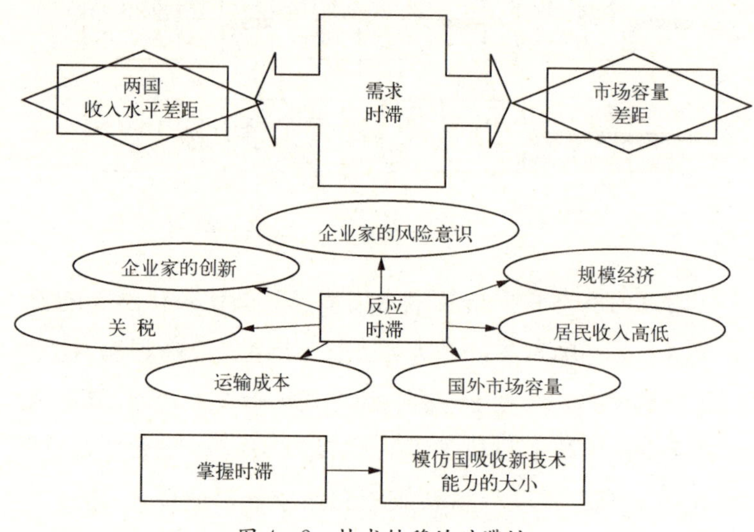

图 4-2 技术转移的时滞性

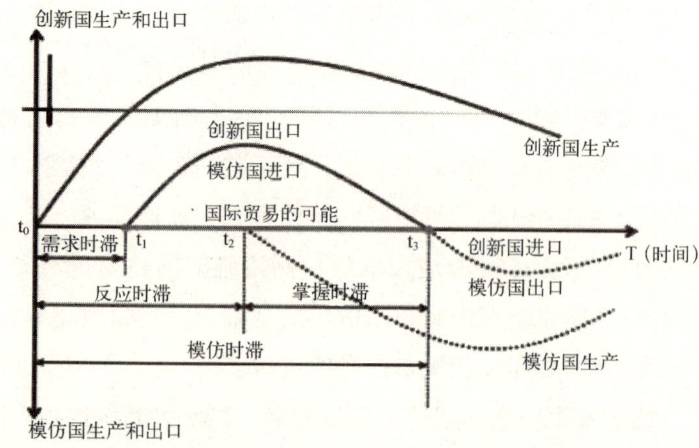

图 4-3 创新产品生产与产品模仿

二、后发优势论

从现有的经济和技术发展水平上看发展中国家居于绝对劣势，但这种劣势中也蕴含着一种潜在的优势，即后发优势。所谓后发优势，是指工业化和技术发展相对落后的国家所具有的特殊益处和优势。

后发优势论的创立者是美国经济史学家格申克龙(Alexander Gerchenkron)，他在总结德国、意大利等国经济追赶成功经验的基础上，于1962年创立了后发优势论。格申克龙认为：即使落后国家不具备资本积累、主导部门等等，也能实现工业化，甚至能更快地进行工业化，因为落后国家可以从先进国家获得后发性利益。他认为，一个国家的经济相对越落后，越能刺激制度创新；经济相对越落后，越能采用资本密集型生产方法，越有利于大型工厂和企业的出现，越可以利用先进国家的先进技术；经济相对越落后，越有可能出现工业发展的大冲刺。总之，一个国家的经济越落后，同先进国家的技术差距越大，越能利用先进国家的先进技术，越可节省用于技术开发方面的代价，技术创新速度会越快，因而工业化的速度也会越快。

格申克龙的后发优势论归纳起来包括以下几个方面：

通过技术引进替代有关技术与装备的研究与开发，可以使经济发展进程大大加快，并避免相关风险。发展中国家可以从先进国家的技术差距中获得利益。

借鉴先进国家的成功经验，吸取其失败的教训，可使发展中国家走上一条“捷径”，实现跨越式发展。强烈的赶超意识有助于推动发展中国家技术和经济的迅速发展。

格申克龙的后发优势论有一定的不足之处，他的研究对象过于狭窄，仅限于比英国工业化时间较晚、经济发展较为落后的欧洲国家的工业化过程；此外，他把后发优势归结为利用外在的技术、劳动、资本的可能性，强调对先进国技术的外在模仿和利用，而没有论及作为后进国家工业化的内生变量的制度因素。实际上如果没有一定的制度基础及制度创新配合，单纯的技术模仿不会最终导致后进国家的工业化成功；再者，他把后进国家与先进国家的差别，主要视为一种量的差别，并将其归结为速度问题，通过较高的速度缩小量的差别，直至完成一种量的"赶超"。没有看到后进国家与先进国家在经济、社会、制度乃至文化上具有质的区别。

总之，技术引进是发挥后发优势的根本，发展中国家应该充分发挥技术引进对经济发展的促进作用，加快赶超步伐。然而，后发优势是潜在的，后发优势要发挥作用是有条件的，需要后进国家制定正确的经济战略和经济政策。同时后发优势并非不可移易的，它会呈现出效益递减的趋势，因此经济的持续增长必须靠创新来推动。

三、技术转移理论

美国学者、新熊彼特学派的代表人物曼斯菲尔德(E. Mansfield)提出了对外直接投资和技术转移的选择理论，并把对外直接投资和技术转移看成是可以相互替代的选择。该理论认为，当资源供应充分、用以生产对外直接投资产品出口的各项生产要素的供给能够得到满足，产品出口又能获得最大利益或比较利益的前提下，跨国公司应选择对外直接投资方式。该理论还认为,对外直接投资有利于控制技术的专有权,保持公司的技术优势和垄断地位。只有当国外市场容量小,对外投资风险大,难以保证投资的最大收益,或东道国不具备接受投资的条件,而技术转移可获得较高的收益率时,才考虑进行技术转移。

曼斯菲尔德将国际技术转移分为两类:

(1) 垂直技术转移,是指将一国的基础科研成果转用于另一国的应用科学中,或者将一国的应用科研成果转用于另一国的生产中。

(2) 水平技术转移,是指将一国已经被应用与生产的新技术转用于他国的生产领域。

在国际技术转移中,生产能力的转移起到了至关重要的作用,因为只有在技术输入国形成生产力后,才能真正实现技术转移。因此,为了在输入国形成现实的生产力,技术转移必须结合资本和技术人才。如果输入国资本匮乏,技术转移可以和资本输出结合在一起;若输入国人力资源欠缺,技术转移可以和人才输送结合在一起。

米拉·维尔金斯(Mira Wilkins)则将国际技术转移分为以下两类:简单的国际技术转移和技术吸收。技术吸收因为某项先进的技术被引进后就被复制出来,因此相对于简单的国际技术转移,技术吸收又被称为“真正的技术扩散”(technology diffusion)。

四、需求资源关系论

这个理论也称 NR 理论,是日本学者斋藤优于 1979 年在其专著《技术转移论》中提出的，当时被称为“NR关系假说”，以后他又在其著作《技术转移的国际政治经济学》中，把这一假说作为一种理论加以运用。该理论认为，一国发展经济及对外经济活动，受该国国民的需求(Need)与该国的资源(Resources)关系的制约，这种关系即NR关系。为满足需求(N)，相应地需要多少资源(R)，即手段、技术、资本、劳动力、原材料等是一个重要问题。如果能筹集足够的资源来满足需求时，NR关系就成了关键问题，必须设法解决，否则经济发展将会受挫。而要解决NR关系的不适应，必须使用新技术。新技术的使用能够节约资本、劳动、原材料等资源，但新技术的发明单靠一个国家是远远不够的，这也是国际技术转移盛行的原因。在技术相对落后的发展中国家，要发展本国经济，一方面要重视技术创新，形成鼓励技术发明的机制；另一方面要关注世界技术发展动态，引进适宜的新技术。由于各国都有独特的NR关系，经过技术创新和技术转移后，又会产生新的“瓶颈”，引起新一轮的技术创新和技术转移。整个世界经济就在这种不断地由不适应到相互适应，又产生新的不适应的循环中，技术水平不断向更高层次发展。世界各国NR关系的失衡程度决定了技术转移的规模和速度。各国经济发展正值鼎盛时期，NR关系的失衡程度可能越来越大，为了解决需求矛盾，技术转移的需求也就越大，速度也加快，反之亦然。技术转移的发生是国与国间解决NR关系的技术互补。

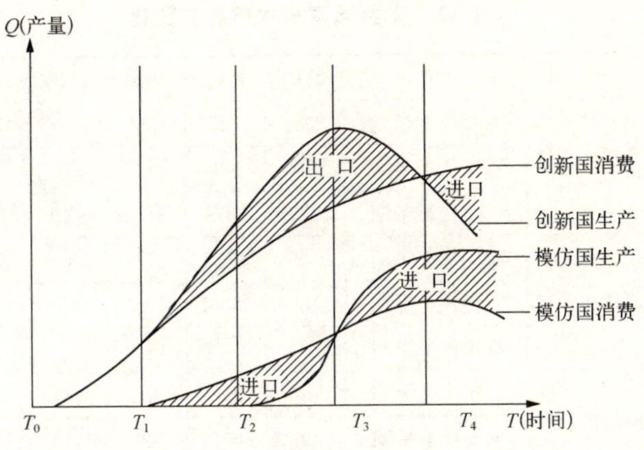

图 4-4　技术转移图示

五、二战后日本的技术赶超战略经验

日本是工业化后进国家追赶先行国的成功范例。二战结束后，作为战败国的日本在一片废墟上以惊人的速度发展。仅用 20 几年的时间，就赶上并超过了许多发达国家，继而成为当今的经济大国。究其原因，除了其他社会经济条件外，技术引进所取得的巨大成效是一个不可忽视的因素。据有关资料统计，1955—1970 年，日本几乎引进了全世界半个世纪开发的先进技术，而只花费了美国 500 亿美元研究开发费的 1/4。成功的技术引进使日本一跃成为世界第二经济大国。

表 4-2 显示了 20 世纪 60—80 年代主要西方国家的技术贸易额及其指数(以美国为 100)的变化。其中，西德和英国的技术贸易指数(即相对于美国的比例)在此期间没有明显变化；法国则从 60 年代上半期的 27.4 跃到 70 年代上半期的 43.1，后又降到 80 年代前半期的 15.0；唯有日本呈现

表 4 - 2　主要国家技术贸易的变化

国　　家		美国	西德	法国	英国	日本
技术贸易额(亿日元)	60 年代上半期	2053	355	562	389	348
	70 年代上半期	4204	932	1812	878	831
	80 年代上半期	20795	3674	3115	3951	7355
技术贸易额指数	60 年代上半期	100	17.3	27.4	18.9	17.0
	70 年代上半期	100	22.2	43.1	20.9	19.8
	80 年代上半期	100	17.7	15.0	19.0	35.4
技术进口额(亿日元)	60 年代上半期	186	250	282	185	314
	70 年代上半期	399	670	823	413	718
	80 年代上半期	494	2373	2094	1737	5631
技术出口额指数	60 年代上半期	100	5.6	15.0	10.9	1.8
	70 年代上半期	100	6.9	26.0	12.2	3.0
	80 年代上半期	100	6.4	5.0	10.9	8.5

出稳步增长的趋势，即从 60 年代上半期的 17.0 增至 70 年代上半期的 19.8，又增至 80 年代前半期的 35.4。而从 80 年代上半期的各国比较来看，日本大幅度地超过英国、西德和法国，居第二位。

日本之所以能够成功实现技术赶超战略，与它采取了正确的产业政策不无相关。第二次世界大战结束后的初期，日本工业设备陈旧，技术相当落后，其工业技术水平和劳动生产率与发达国家的差距极为悬殊。针对此种状况，日本政府采取了以引进、消化、吸收为主线的产业技术政策，从而使日本产业技术实现了跨越发展。在产业技术政策的推动下，日本经济也成功实现了赶超，成为仅次于美国的世界工业强国。

当然，以技术引进为主的科技发展战略也有弱点。随着知识经济时代的到来，日本适应于工业经济时代的模仿赶超型科技经济体制遇到了障碍：基础性科学研究得不到相应的重视，独创性科研成果较少。原来以引进、消化、吸收为主线的发展模式，无法为日本经济持续增长提供动力。这种现象被称为“日本病”。

第三节　关于技术选择、技术创新的相关理论

技术引进是发展中国家实施赶超战略的最主要途径之一，但引进什么样的技术才能在节省有限的经济资源的前提下，最大限度地促进经济发展，是发展中国家迫切需要解决的问题。

一、技术选择理论

1. 中间技术论

舒马赫(E. F. Schumacher)在1973年出版的《小的是美好的》一书中，集中阐述了他的“中间技术论”思想。舒马赫根据发展中国家的实际情况，指出发展中国家应当采用中间技术，发展小规模生产技术系统。中间技术是介于先进技术与传统技术之间的技术，舒马赫形象地把它比喻为“介于镰刀和收割机之间的技术”。

舒马赫指出，发展中国家引进中间技术主要基于两方面的原因：一方面，这种中间技术能够适应比较简单的环境，价格低廉，设备与生产方法简单，容易掌握易于推广，

对原材料的依赖性很小，对市场的适应性很强，人员易于培训，组织管理比较单纯，因而适用于发展中国家。另一个方面，中间技术有利于解决发展中国家的“二元经济”和就业问题。舒马赫认为：发展中国家的经济中普遍存在着“二元结构”。“二元经济”间的明显差距导致大量的农村人口向城市转移，从而产生大规模的就业，因此，发展中国家迫切需要解决失业问题，那么如何创造更多的就业机会呢？他提出应采用中间技术，发展小型工业，至少有一部分重要的发展力量应当绕过大城市而直接开始在农村和城镇地区建立工业结构。

“中间技术论”也有缺陷，一是忽略了贫穷地区的外部环境，从而带来用中间技术所生产商品的市场问题；二是忽略了贫穷地区社会系统的能动性，强调不学最新东西，而特地去学中间技术，不利于技术进步。另外，中间技术维护了现存的国际经济秩序，常常造成产品质量低下，生产效率难以提高，竞争力差，无益于发展中国家的长期持续经济增长。

2. 适用技术论

鉴于中间技术存在的缺陷，印度学者 A·雷迪(A. Reddy)于 1975 年提出了“适用技术论”。雷迪认为：发展中国家在引进技术时，应从国情出发，根据最小投入和最大收益的经济原则，考虑本国的生产要素现状、市场规模、社会文化环境、吸收创新能力等因素，选择最切合引进国的特殊条件的技术。雷迪把适用技术的三重目标概括为：环境目标、社会目标和经济目标。即：一是环境目标——节约能源，尽量减少或循环使用各种资源，减少环境污染，以促进各地区生态环境的协调；二是社会目标——最大限度地满足人类最基础的要求，提供富有创造性和引人入胜的工作，能与传统文化相互交融，促进社会和谐并把权力交给人民；三是经济目标——消除经济发展的不均衡状态，提供充分的就业机会，采用地方资源并生产地方消费品，把经济引向分散经营。可见，雷迪的"适用技术"概念比舒马赫的"中间技术"概念更为全面，更具有实际价值。

但是，适用技术论也有其局限性，主要在于：适用技术论强调的是引进技术适用于引进国当前的情况，而没有与引进国经济、社会的长远发展目标结合起来进行考虑，忽视了对技术的改造，也不强调社会的变革，只通过选择方式使引进的技术与社会环境相适应，不利于社会进步。适用技术论虽然是从发展中国家的角度得出的，但是适用技术论的最大目的是满足一国人民的基本需要，强调的是当地的生产和消费，忽略了外部环境，有自给自足的封闭经济思想，没有明确解释国际技术转让的真正原因。

二、熊彼特的技术创新论

技术创新概念首先是由熊彼特(J. A. Schumpeter)在1912年发表的《经济发展理论》中提出的。《经济发展理论》一书是熊彼特早期成名之作。在这本著作里，熊彼特首先提出了"创新理论"

(Innovation Theory),当时曾轰动西方经济学界,并且一直享有盛名。此书最先以德文发表于 1912 年,修订再版于 1926 年,越数年又重印了德文第三版。1934 年,以德文修订本为依据的英译本由美国哈佛大学出版社出版,被列为《哈佛经济丛书》第 46 卷。

熊彼特认为,所谓“创新”,就是“建立一种新的生产函数”,也就是说,把一种从来没有过的关于生产要素和生产条件的“新组合”引入生产体系。熊彼特所说的“创新”“新组合”或“经济发展”,包括以下五种情况:① 引进新产品;② 引用新技术,即新的生产方法;③ 开辟新市场;④ 控制原材料的新供应来源;⑤ 实现企业的新组织。按照熊彼特的看法:“创新”是一个“内在的因素”,“经济发展”也是“来自内部自身创造性的关于经济生活的一种变动”。

他认为技术创新是发明在生产上的应用,是企业家对生产要素与生产条件的“新组合”。熊彼特对技术创新与技术发明作了重要的区分,他指出发明是创新的必要前提,但发明不一定必然导致技术创新。他把技术进步过程划分为三个阶段:发明、创新和扩散。

熊彼特关于技术创新的看法主要是:

(1) 技术创新的主体是“企业家”,企业家的创新活动是经济兴起和发展的主要原因。

(2) 创新活动是指在生产和销售经营中,企业家能发现并使用前所未有和独具一格的方法,包括介绍新产品和新的生产方法,开辟新市场,开发原材料和半成品的新来源,以及建立新兴产业五个方面。这些创新活动均可使企业和个人赚取高额利润。

(3) 创新引起了经济增长并对经济的周期性波动产生影响。熊彼特认为,企业家的创新活动为其他企业作了示范,开辟了发展的新途径,使更多企业加入到创新和模仿创新的行列,引发了整个社会的创新浪潮。这时,社会对生产资料和银行信用需求急剧扩大,从而引起经济高涨。此后,随着创新机会减少和消逝,经济趋于低潮。如果期望经济再度恢复高增长状态,便需要新一轮创新的到来。由于技术创新的规模、技术含量、周期、效应等不同,它们对经济波动的影响也有长有短,有大有小,使经济波动呈现周期趋势。

影响技术创新的因素:① 竞争程度。竞争越是激烈,技术创新就越必要和紧迫。② 企业规模。没有一定规模,技术创新的效果难以迅速表达出来。企业规模大,广阔的获利前景能产生足够刺激。③ 信息传播速度。信息传播越快,创新越容易被模仿,创新能够带来的超额利润维持的越短。④ 企业家群体。受到过良好训练的企业家越多,创新的可能性越大。⑤ 信贷支持。发明要进入生产和市场,必须有资金支持。

在熊彼特看来,作为资本主义"灵魂"的"企业家"的职能就是实现"创新",引进"新组合"。所谓"经济发展"也就是指整个资本主义社会不断地实现这种"新组合"而言的。企业家处于经济发展的中心地位,经济发展的主体是企业家,动力是个别企业对垄断利润的追逐和企业家精神。驱动企业家去从事创新活动除了追逐超额利润外,还有三种力量:

> 发现一个私人商业王国的愿望;征服困难和表明自己出类拔萃的意志;创造和发挥自己才能带来的快乐。

三、中国的自主创新理论与战略

自主创新是相对于技术引进、模仿而言的一种创造活动,是指通过拥有自主知识产权的独特的核心技术,以及在此基础上实现新产品的价值的过程。即创新所需的核心技术来源于内部的技术突破,摆脱技术引进、技术模仿对外部技术的依赖,依靠自身力量、通过独立的研究开发活动而获得的,其本质就是牢牢把握创新核心环节的主动权,掌握核心技术的所有权。自主创新的成果，一般体现为新的科学发现以及拥有自主知识产权的技术、产品、品牌等。

2006 年胡锦涛总书记在全国科学技术大会上的讲话“走中国特色自主创新道路　为建设创新型国家而奋斗”中指出，我国科技的总体水平同世界先进水平相比仍有较大差距，同我国经济社会发展的要求还有许多不相适应的地方，主要是：关键技术自给率低，自主创新能力不强，特别是企业核心竞争力不强；农业和农村经济的科技水平还比较低，高新技术产业在整个经济中所占的比例还不高，产业技术的一些关键领域存在着较大的对外技术依赖，不少高技术含量和高附加值产品主要依赖进口；科学研究实力不强，优秀拔尖人才比较匮乏；科技投入不足，体制机制还存在不少弊端。总之，我国科技事业发展的状况，与完成调整经济结构、转变经济增长方式的迫切要求还不相适应，与把经济社会发展切实转入以人为本、全面协调可持续发展的迫切要求还不相适应，与实现全面建设小康社会、不断提高人民生活水平的迫切要求还不相适应。我们必须下更大的气力、作更大的努力，进一步深化科技改革，大力推进科技进步和创新，带动生产力质的飞跃，推动我国经济增长从资源依赖型转向创新驱动型，推动经济社会发展切实转入科学发展的轨道。

总体目标是：到 2020 年，使我国的自主创新能力显著增强，科技促进经济社会发展和保障国家安全的能力显著增强，基础科学和前沿技术研究综合实力显著增强，取得一批在世界具有重大影响的科学技术成果，进入创新型国家行列，为全面建设小康社会提供强有力的支撑。

建设创新型国家，核心就是把增强自主创新能力作为发展科学技术的战略基点，走出中国特色自主创新道路，推动科学技术的跨越式发展；就是把增强自主创新能力作为调整产业结构、转变增长方式的中心环节，建设资源节约型、环境友好型社会，推动国民经济又快又好发展；就是把增强自主创新能力作为国家战略，贯穿到现代化建设各个方面，激发全民族创新精神，培养高水平创新人才，形成有利于自主创新的体制机制，大力推进理论创新、制度创新、科技创新，不断巩固和发展中国特色社会主义伟大事业。

走中国特色自主创新道路，核心就是要坚持自主创新、重点跨越、支撑发展、引领未来的指导方针。自主创新，就是从增强国家创新能力出发，加强原始创新、集成创新和引进消化吸收再创新。重点跨越，就是坚持有所为有所不为，选择具有一定基础和优势、关系国计民生和国家安全的关键领域，集中力量、重点突破，实现跨越式发展。支撑发展，就是从现实的紧迫需求出发，着力突破重大关键技术和共性技术，支撑经济社会持续协调发展。引领未来，就是着眼长远，超前部署前沿技术和基础研究，创造新的市场需求，培育新兴产业，引领未来经济社会发展。这一方针，是我国半个多世纪科技事业发展实践经验的概括总结，是面向未来、实现中华民族伟大复兴的重要抉择，必须贯穿于我国科技事业发展的全过程。

十八届五中全会提出："坚持创新发展，必须把创新摆在国家发展全局的核心位置，不断推进理论创新、制度创新、科技创新、文化创新等各方面创新，让创新贯穿党和国家一切工作，让创新在全社会蔚然成风。”

“创新是一个民族进步的灵魂，是一个国家兴旺发达的不竭源泉，也是中华民族最鲜明的民族禀赋。”无论是在推进改革中强调“把科技创新摆在国家发展全局的核心位置”，还是在经济转型中提出“科技发展的方向就是创新、创新、再创新”，在习近平的执政思路中，“创新”始终占据着重要位置。

2013 年 5 月 14 日，习近平在天津视察时表示：“科技创新是提高社会生产力和综合国力的战略支撑，必须摆在发展全局的核心位置。”

2013 年 9 月 30 日，习近平主持中共中央政治局第九次集体学习时指出：“实施创新驱动发展战略决定着中华民族的前途命运。全党全社会都要充分认识科技创新的巨大作用，敏锐把握世界科技创新发展趋势。”

2013 年 11 月 4 日，习近平在湖南考察时强调：“我国经济发展要突破瓶颈、解决深层次矛盾和问题，根本出路在于创新，关键是要靠科技力量。”

2014 年 1 月 6 日，习近平在会见嫦娥三号任务参研参试人员代表时强调：“创新是一个民族进步的灵魂，是一个国家兴旺发达的不竭源泉，也是中华民族最鲜明的民族禀赋。”

2014 年 5 月 24 日，习近平在上海考察调研时表示：“谁牵住了科技创新这个牛鼻子，谁走好了科技创新这步先手棋，谁就能占领先机、赢得优势。”

2014年12月14日习近平在江苏调研强调："要以只争朝夕的紧迫感，切实把创新抓出成效，强化科技同经济对接、创新成果同产业对接、创新项目同现实生产力对接、研发人员创新劳动同其利益收入对接，形成有利于出创新成果、有利于创新成果产业化的新机制。"

2015年5月27日习近平在浙江的讲话中说："综合国力竞争说到底是创新的竞争。要深入实施创新驱动发展战略，推动科技创新、产业创新、企业创新、市场创新、产品创新、业态创新、管理创新等，加快形成以创新为主要引领和支撑的经济体系和发展模式。"

2015年6月18日习近平在贵州强调："要大力推进经济结构性战略调整，把创新放在更加突出的位置。"

2015年7月17日习近平在长春强调："抓创新就是抓发展，谋创新就是谋未来。不创新就要落后，创新慢了也要落后。"

2015年5月习近平对耕地保护工作作出重要指示："在土地流转实践中，必须要求各地区原原本本贯彻落实党中央确定的方针政策，既要加大政策扶持力度、鼓励创新农业经营体制机制，又要因地制宜、循序渐进，不搞大跃进，不搞强迫命令，不搞行政瞎指挥。"

资料来源：《回顾十八大以来习近平关于科技创新的精彩话语》，中国共产党新闻网 http://cpc.people.com.cn/xuexi/n1/2016/0531/c385476-28398570-2.html

第五章　人口迁移、城市化发展与城乡生态环境

第一节　关于人口迁移的理论与实践

经济发展必然导致工业化，即非农业部门比重逐渐扩大，而农业部门比重逐渐缩小。其显著特征是人口流动(migration)，即农业劳动力向非农业部门转移，农村人口向城市迁移，结果必然是城市化。

一、刘易斯的人口迁移理论

(一) 刘易斯的人口迁移理论

美国经济学家刘易斯(Arthur Lewis)在1950年代创立了第一个人口流动模型，他把发展中经济划分为两个部门(即二元经济结构)：

一个是以传统生产方法进行生产的、劳动生产率和收入水平极低的非资本主义部门，以农业部门作为代表，也被称为传统部门。因为该部分产业主要集中在农村，又被称为农村社会；另一个是以现代方法进行生产的、劳动生产率和工资水平相对较高的资本主义部门，以工业部门作为代表，也被称为现代部门。因该部门产业主要集中在城市，又被称为城市社会。

刘易斯的人口迁移理论主要体现在他的文章《无限劳动供给下的经济发展》中，该文发表于1954年，提出了无限劳动供给、二元经济结构、剩余劳动等概念，这些概念目前已经成为发展经济学的最基本概念，也成为了中国普通百姓耳熟能详的术语。

无限劳动供给是指城市现代工业部门在一个固定的工资水平上能得到所需的任何数量的劳动供给。

发展中国家农业人口规模巨大，但农业劳动生产率极低，导致农业人均收入水平很低，一般只能维持最低限度的生活水平。而城市工业部门的工资收入水平相对略高于农村，但不会高很多，可以维持城市就业人员的基本生活保障，及满足人口再生产等基本需求。这样，由于受城市高工资的吸引，农村人口就会选择向城市流动。

因此，只要城市工业部门进行扩张，就可以按现行工资水平雇用到任何数量的劳动力。

无限劳动供给还包括城市非现代工业部门（或非正规部门），指一些临时工、小商贩等。

刘易斯关于工业扩张和劳动力转移过程

前提条件:工业部门获得的利润被全部用于投资,形成新的资本积累,而不是被企业主、董事会、老板、资本家或其他官员等拿去挥霍浪费、奢侈消费或存入国外银行。

新的资本积累,是为了使每个工人装备水平提高,从而使劳动生产率相应提高,产出水平增加,获得更多利润。

扩张过程:第一步:为了创造更多利润,城市产业部门扩大生产规模,需要雇用更多劳动力来扩大规模,引起农村劳动力向工业部门流动。因为农村存在大量剩余劳动,城市部门对劳动力需求的增加,并不会引起劳动力工资水平上涨。

第二步,生产扩张带来更大的利润。利润继续全部被用于下一轮的新投资中,投资规模跟着继续扩大,需要继续雇用更多的劳动力,这样,就使得农村人口继续向城市部门流动。而工业部门的工资水平继续保持不变。这样,更大规模的生产,带来更大的利润。

第三步,所有的利润被继续全部投入到生产扩张中。工业部门扩大规模,需要继续雇用更多的劳动力,农村人口继续流向城市工业部门。但工资水平继续保持不变。

这样的循环一轮接一轮地继续着,一直到农村剩余劳动力全部被工业部门吸收完为止。

刘易斯拐点：农村全部剩余劳动力被城市吸收完后，如果城市继续扩大规模，就没有廉价的剩余劳动力，那么劳动力的工资水平就必须上涨，这时候的劳动供给就进入了“刘易斯拐点”，即由低工资水平转向高工资水平。

最终，劳动供给不再无限丰富，而是像资本一样相对稀缺；农业像工业一样现代化，二元经济变为一元经济，发展中国家进入工业化。

刘易斯把发展中经济分为两个阶段：

第一个阶段是具有无限劳动供给的阶段，这个阶段的城市工资水平普遍较低，而农村工资水平更是低于城市。在这个阶段中，资本是稀缺的，劳动是丰富的，资本积累所产生的剩余全部归资本家所有。第二个阶段是工资水平上升阶段，劳动供给是短缺的，即工业部门很难找到廉价的劳动力了。企业要雇用员工，必须提高劳动者的工资待遇、福利水平、医疗社会保障等。当资本积累进行时，工资不再不变，技术变革的利益不会完全归于利润，利润额不一定总是增加。

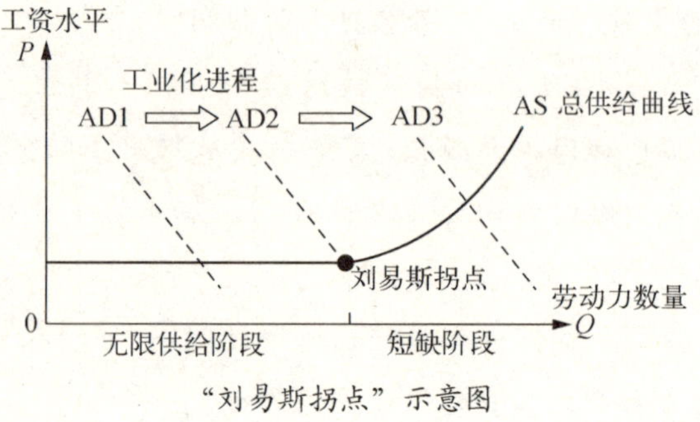

“刘易斯拐点”示意图

当劳动力供给处于刘易斯第二阶段时，劳动的供给是短缺的，用人单位要招聘到合适的劳动者，就得支付更高的福利、工资待遇。

刘易斯人口迁移理论的贡献在于：是发展经济学中第一个二元经济和人口流动模型，已成为发展经济学的经典。

强调现代部门与传统部门的结构差异，把经济增长过程、工业化过程以及人口流动过程三者紧密结合在一起分析。

把工业化和城市化密切联系起来。农业部门也就是农村部门，工业部门也就是城市部门，把劳动力职业转换与人口空间迁移看作是同步进行的同一个过程。

把工业化、资本积累与人口流动有机地结合在一起，反映了早期发展经济学的基本特点。早期发展经济学文献无一不把刘易斯模型作为发展经济学的中心理论之一。

但刘易斯这一理论也有不周全的地方:第一,该理论暗含着这样的假设,即现代工业部门中,使用的资本与劳动是同步增长的,资本与劳动的比率是不变的。这与发展中国家的实际并不符合。实际情况是,在工业化发展过程中,工业部门更倾向于资本密集型技术,资本增加过程中,创造的就业机会越来越少。

第二,暗含假定农村存在大量剩余劳动力,而城市中不存在失业。但事实上,发展中国家城市失业问题也很严重。

第三,假定从农村流入城市的迁移者会永久居住在城市,职业和身份转换一致。其实在发展中国家,至少在中国,这种转换是分离的,由农村流动到城市的农民,被称为农民工,身份仍然是农民,但在城市谋生。

第四,最大的缺点是暗含假定农村劳动者在素质、年龄和性别等方面是同质的,无差别的。其实,从农村转移到城市的劳动力,大都是年轻和素质较高的人。

但无论怎样,刘易斯的理论还是开创了发展经济学关于人口迁移问题的先河,刘易斯本人也因这方面的突出贡献,而获得1979年的诺贝尔经济学奖。

威廉·阿瑟·刘易斯(William Arthur Lewis,1915—1991):发展经济学的成就者

刘易斯是研究发展中国家经济问题的领导者和先驱。刘易斯从20世纪50年代中期就开始了对发展中国家贫困及经济发展速度缓慢的内在原因的研究,他所

> 提出的著名的二元经济模型理论，为他赢得了极大的声誉并引起了广泛的科学辩论，由此形成了对刘易斯原来的前提的一系列发展和补充，该模型亦被运用于实际以验证其应用性。有趣的是刘易斯的简单模型分析不只表明了发展中国家贫困的根本原因，也有助于对第三世界各国的历史和统计发展模式做多方面的透视。
>
> ——1979年瑞典皇家科学院贺辞

二、拉尼斯-费的人口迁移理论

1960年代初期，美国拉尼斯(G. Ranis)和费景汉(John C. H. Fei)合作，在刘易斯模型基础上，建立了一个更为复杂的模型，即拉尼斯-费模型。该模型的最大特点是，突出了农业在工业化进程中的重要性，认为发展中国家的农业部门存在着数量巨大的剩余劳动力，在他们全部转移到工业部门以前，农业劳动力的收入水平被假定是固定不变的，并且始终等于平均产品。即每个农业劳动力的工资收入水平都是一样的，所有产出(产品)在所有劳动力中，进行平均分配，这样每个人的所得都是一样的。这样，把不变的平均收入水平，叫做不变制度工资(constant institutional wage)，因为在有农业剩余劳动存在时，农业劳动者的收入是由制度决定的，而不是由市场决定的。

拉尼斯-费的人口迁移理论中，把农村人口向城市的迁移过程，划分为三个阶段，而不是刘易斯的两阶段：

第一阶段：把边际生产率等于零的农业劳动力，称为多余的劳动力(redundant labor force)，这部分劳动力转移到工业不会引起农产品减少和粮食短缺,农产品总量不减少,工业部门工资水平就不会提高,从而工业部门的劳动供给是无限的,这个阶段与刘易斯中的第一阶段是一致的。在第一阶段,劳动力转移不会受到阻碍,因为农业总产出没有减少,粮食短缺不会发生。

第二阶段:把农业劳动边际生产率低于不变制度工资的劳动力,定义为隐蔽失业者(the disguised unemployed),即剩余劳动力。当这部分劳动力开始从农业部门转移出去时,农业总产出就会下降。此时,农产品和粮食短缺就发生了,粮食短缺必然导致粮食价格上涨,工资水平也必然相应提高。这时,城市工业部门雇佣的农业劳动力工资水平必然会上涨。

在第二阶段,劳动力转移将受到影响。农业总产出减少,粮食短缺引起粮价和工资上涨,工业劳动供给曲线变陡。结果,在农业剩余劳动力全部转移到工业之前,工业扩张会停止。

第三阶段:当农村剩余劳动力全部转移到工业部门中,劳动力转移进入第三个阶段。农业部门的工资水平再也不是由制度决定,而是由市场原则决定,即由劳动边际生产率决定。农业工资上升,工业工资必须上升得更高,否则,农业劳动力不会转移到工业部门。要使农业劳动力转移顺利进入第三阶段,农业劳动生产率必须提高,使得在农业劳动力数量减少的情况下农业总产出不减少。

拉尼斯-费模型是对刘易斯模型的重大发展,后人把他们的理论合并在一起,称为刘易斯-拉尼斯-费模型。

三、托达罗的人口迁移理论

1960 年代末 70 年代初,美国经济学家托达罗(Michael

P. Todaro)发表多篇论文阐释他所构建的人口流动模型。

与刘易斯不同的是，托达罗人口迁移理论承认发展中国家的城市存在失业。托达罗旨在研究如何加速劳动力从农业部门向工业部门的转移。

托达罗理论的基本观点是：一个农业劳动者决定是否迁入城市，不仅要考虑城乡之间实际的收入差异，而且还要考虑城市的失业状况。即使城乡实际收入差异很大，农民也不会简单地作出迁移到城市去的决定，还必须考虑城市就业状况，即他在城市能否找到工作，需要多久才找到工作，找到一个什么样的工作，等等。农民在作出迁移决定时，都会考虑到这些问题的可能性。因此，他们在决定是否迁移时必须要做一个利弊权衡：在未找到工作之前，迁移到城市要遭受多少失业的风险，在城市找到工作后可以获得怎样的高收入。经过这样的风险—收益预测后，如果收益高于风险，他们就觉得可以迁移，如果风险高于收益，他们就决定留在农村而不是迁移到城市。从这个角度看，农民是理性的风险评估家。

与刘易斯理论相比，托达罗的理论更加关注人口流动与城市失业并存现象。根据托达罗的理论，消除二元经济结构不是依靠农村人口流入城市，而是提高农业生产能力，改善

农村生活条件，使工农差别和城乡差别不断缩小，最终使二元性消失。

2013年9月10日，国家卫生计生委发布《中国流动人口发展报告2013》，从流动人口的总量上看，新生代流动人口已经成为流动人口的主体，流动人口正在经历代际更替。

"报告"显示，2010年第六次人口普查时，新生代流动人口已经超过流动人口半数，总量达1.18亿。国家统计局公布的数据显示，2012年我国流动人口数量达2.36亿，相当于每六个人中有一个是流动人口。

全国流动人口动态监测数据显示，2012年流动人口的平均年龄约为28岁，超过一半的劳动年龄流动人口出生于1980年以后。与上一代相比，新生代流动人口的外出年龄更小，流动距离更长，流动原因更趋多元，也更青睐大城市。新生代流动人口在20岁之前就已经外出的比例达到75%，在有意愿落户城市的新生代流动人口中超过七成希望落户大城市。

新生代流动人口由生存型向发展型转变。其进入城市不仅仅是为了挣钱，对未来发展有更多新期待；流动方式由个体劳动力流动向家庭化迁移转变；流动形态由“钟摆式”流动向在城市稳定生活、稳定工作转变，最近三年没有更换过工作的比例超过六成。

新生代流动人口在流量、流向、结构等方面的特征代表着人口流动迁移新的变动趋势。应顺应新生代流动人口的发展需求，设计相关政策，提升其生存发展能力。

“报告”指出，从流动迁移模式上看，家庭化迁移成为人口流动迁移的主体模式，新生代流动人口表现更为突出。

调查显示，超过六成的已婚新生代流动人口与全部核心家庭成员在流入地共同居住。但大多数家庭不能一次性完成核心家庭成员的整体迁移，近七成家庭中，家庭成员为分次流入，夫妻首先流入，再把全部或部分子女接来同住是最常见方式。

家庭化迁移使得流动人口在流入地更容易产生归属感，有利于增强其幸福感。制定流动人口相关的政策要适应家庭化流动趋势，满足流动人口家庭而非个人的需求。

“报告”指出，流动人口收入稳步提升。国家卫生计生委于 2013 年 5 月上旬开展的流动人口收入情况调查显示，2013 年 4 月就业流动人口的平均工资收入为 3287.8 元，同比增长 4.9%。流动人口主要就业于私营部门或从事个体经营，就业集中在制造业等五大行业。

资料来源：中华人民共和国国务院新闻办公室 http://www.scio.gov.cn/zhzc/8/4/Document/1345763/1345763.html

第二节　城市化发展及其相关理论、问题

大量的农村人口向城市迁移的过程，本身也是一个城市化过程。城市化与农村人口市民化不是分割的，而是紧密联系在一起的。刘易斯理论虽然没有直接论述城市化问题，但其理论本身也包含着这一点，上述三种人口迁移理论都间接地、或多或少地涉及到城市化问题。

城市化，也称为城镇化，是指人口向城镇集中的过程。是一个农业人口转化为非农业人口、农村地域转化为非农业地域、农业活动转化为非农业活动的过程，这个过程表现为两种形式，一是城镇数目的增多，二是各城市内人口规模不断扩大。

城镇化也包括既有城市经济社会的进一步社会化、现代化和集约化。它是由农业(第一产业)为主的传统乡村社会，向以工业(第二产业)和服务业(第三产业)、高新技术产业和信息产业(第四产业)为主的现代城市社会逐渐转变的历史过程，是人口、产业、资本、市场的集中过程；或者说是生产、交换、分配和消费等整个经济活动的集中过程，包括人口职业的转变、产业结构的转变、土地及地域空间的变化。

通常是用城市人口占总人口的比重作为城市化水平的衡量标准，城市人口比重高，则城市化水平高，反之，则城市化水平低。2011 年 12 月，《中国社会蓝皮书》发布，中国城镇人口占总人口的比重首次超过 50%，标志着中国城市化首次突破 50%。

一、城市的发展

当原始社会向奴隶社会转变时，城市就开始出现了。但产业革命以前的城市，发展非常缓慢，到 1800 年，全世界的城市人口只占总人口的3%。产业革命以后,城市的发展走向了比较快速的阶段,从1800—1950年,地球上的总人口增加1.6倍,而城市人口却增加了23倍。在美国,1780—1840年的60年间,城市人口占总人口比例仅从2.7%上升到8.5%。1870年美国开始工业革命时,城市人口所占的比例不过20%,而到了1920年,其比例骤然上升到51.4%。从整个世界看,1900年城市人口所占比例为13.6%,1950年为28.2%,1960年为33%,1970年为38.6%,1980年为41.3%。所以,城市化过程是随现代工业的出现、资本主义的产生而开始的。

城市化程度是一个国家经济发展,特别是工业生产发展的一个重要标志。由于自然条件、地理环境、总人口数量的差异和社会经济发展的不平衡,各国城市化的水平和速度相差很大。经济发达的工业化国家的城市化程度,要远远高于经济比较落后的农业国家。1980年,发达地区国家的城市人口的比例平均为70.9%,其中,美国为77%,日本为78.3%,联邦德国为84.7%,英国为90.8%,加拿大为75.5%。而发展中国家的城市人口比例平均为30.1%,其中不少国家低于20%。

《2012中国新型城市化报告》指出,1949年以来,中国的城市化发展经历了1949—1957年城市化起步发展、1958—1965年城市化曲折发展、1966—1978年城市化停滞发展、1979—1984年城市化恢复发展、1985—1991年城市化稳步发展、1992年至今城市化快速发展等六个阶段。中国城市化进程具有如下特点:起步较晚,水平中等,速度快,历次人口普查城市化水平依次为：12.84%，17.58%，20.43%，25.84%，35.39%，49.68%。①

城市化和工业化是一个相互促进、相互加强的过程。由于某种原因，某一地区发展起来，会通过一个循环累积过程而不断扩大。当新的工业在某一地区建立起来时，该地区就业、总人口增加，带动消费品和服务需求扩大，从而刺激消费品工业和服务业的发展和市场繁荣，进而又会推动相关产业的发展；该地区经济发展使得地方财富和税收增加，从而有能力修建较好的公共基础设施，发展文教事业，开展科技研究与开发；不断完善的基础设施和提高的科技教育水平，优裕的生活环境，又吸引着更多工业家和创业者到此投资，促进进一步发展。

城市是人类文明的标志，是人们经济、政治和社会生活的中心。城市化的程度是衡量一个国家和地区经济、社会、文化、科技水平的重要标志，也是衡量国家和地区社会组织程度和管理水平的重要标志。

二、过度城市化

过度城市化（overurbanization），又称超前城市化，是指城市化水平明显超过工业化和经济发展水平，主要发生在发展中国家。城市化的速度大大超过工业化的速度，大量农村人口涌入少数大中城市，城市人口过度增长，城市建设的步伐赶不上人口城市化速度，城市不能为居民提供就

① 资料来源：中国国家统计局官方网站 http://www.stats.gov.cn/tjsj/

业机会和必要的生活条件，城市现代部门创造就业的能力有限，流入城市的劳动者很难在正规部门谋到职位，不得不在非正规部门临时工作。在一些发展中国家，乡村贫困与城市贫困并存，有人把这种城市化称为“维持生存的城市化”(subsistence urbanization)。

例如，墨西哥的工业化与经济发展水平远远不如发达国家，但1993年其城市化水平已达74%，明显高于同期瑞士的60%、奥地利的55%、芬兰的62%和意大利的67%。当然，拉美国家的土地制度是庄园制，农民占有少量或根本就没有土地。为了谋生，不得不到城市里去寻求工作。城市规模的过快发展，但不能为居民提供适宜的生活条件，出现城市贫困。

三、滞后城市化

滞后城市化，是指城市化水平落后于工业化和经济发展水平。改革开放前的中国城市化就是这种城市化的突出代表。1980年世界城市化水平为42.2%，发达国家为70.2%，发展中国家为29.2%，而中国城市化水平仅为19.4%。从城市化与产业结构的关系看，中国城市化明显滞后于工业化，与第三产业呈低水平上的相适应，这是计划经济和重工业优先发展战略相结合的产物。

改革开放以来，城市对劳动需求增加，城乡分割体制逐步有所松动。进入21世纪后，中国市场经济体制基本上形成，以户籍管理为特征的城乡分割制度逐渐放松。

2014年7月30日，国务院《关于进一步推进户籍制度改革的意见》正式发布，要求取消农业户口与非农业户口性质区分，和由此衍生的蓝印户口等户口类型，统一登记为居民户口。全面放开建制镇和小城市落户限制，有序放开中等城市落户限制，合理确定大城市落户条件，严格控制特大城市人口规模。这意味着以“农业”和“非农业”区分户口性质的城乡二元户籍制度将成为历史，存在半个多世纪、形成于计划经济时代的传统的“城里人”和“乡下人”户口身份识别将不复存在。

四、城市病

所谓“城市病”，是指人口过于向大城市集中而引起的一系列社会问题，表现为城市规模的盲目扩张，导致城市人口膨胀、交通拥堵、环境恶化、住房紧张、就业困难等，将会加剧城市负担、制约城市化发展以及引发市民身心疾病等。

发达国家曾经也经历过城市病，但中国尤为严重。随着现代化产业的发展，中国的大中城市普遍存在的人口增多、用水用电紧张，交通拥堵、环境恶化、资源短缺（能源、水资源、医疗资源、教育资源等）等社会问题，以及由上述问题引起城市人群易患的身心疾病，这些问题和矛盾又在一定程度上制约了城市的发展，加剧了城市政府的负担，使城市政府陷入了两难困境。

五、中国的新型城镇化道路

2014年国务院印发《国家新型城镇化规划(2014—2020年)》(以下简称《规划》)指出，未来的城镇化发展，要努力走出一条以人为本、四化同步、优化布局、生态文明、文化传承的中国特色新型城镇化道路。

《规划》提出，在城镇化快速发展过程中，大量农业转移人口难以融入城市社会，市民化进程滞后。“土地城镇化”快于人口城镇化，建设用地粗放低效。城镇空间分布和规模结构不合理，与资源环境承载能力不匹配。城市管理服务水平不高，“城市病”问题日益突出。自然历史文化遗产保护不力，城乡建设缺乏特色。体制机制不健全，阻碍了城镇化健康发展。

《规划》提出了新型城镇化的五大发展目标：一是城镇化水平和质量稳步提升。城镇化健康有序发展，常住人口城镇化率达到60%左右，户籍人口城镇化率达到45%左右，户籍人口城镇化率与常住人口城镇化率差距缩小2个百分点左右，努力实现1亿左右农业转移人口和其他常住人口在城镇落户。

二是城镇化格局更加优化。“两横三纵”为主体的城镇化战略格局基本形成，城市群集聚经济、人口能力明显增强，东部地区城市群一体化水平和国际竞争力明显提高，中西部地区城市群成为推动区域协调发展的新的重要增长极。城市规模结构更加完善，中心城市辐射带动作用更加突出，中小城市数量增加，小城镇服务功能增强。

三是城市发展模式科学合理。密度较高、功能混用和公交导向的集约紧凑型开发模式成为主导，人均城市建设用地严格控制在100平方米以内，建成区人口密度逐步提高。绿色生产、绿色消费成为城市经济生活的主流，节能节水产品、再生利用产品和绿色建筑比例大幅提高。城市地下管网覆盖率明显提高。

四是城市生活和谐宜人。稳步推进义务教育、就业服务、基本养老、基本医疗卫生、保障性住房等城镇基本公共服务覆盖全部常住人口，基础设施和公共服务设施更加完善，消费环境更加便利，生态环境明显改善，空气质量逐步好转，饮用水安全得到保障。自然景观和文化特色得到有效保护，城市发展个性化，城市管理人性化、智能化。

五是城镇化体制机制不断完善。户籍管理、土地管理、社会保障、财税金融、行政管理、生态环境等制度改革取得重大进展，阻碍城镇化健康发展的体制机制障碍基本消除。

因此，新型城镇化，是以城乡统筹、城乡一体、产城互动、节约集约、生态宜居、和谐发展为基本特征的城镇化，是大中小城市、小城镇、新型农村社区协调发展、互促共进的城镇化。

新型城镇化的"新"，就是要由过去片面注重追求城市规模扩大、空间扩张，改变为以提升城市的文化、公共服务等内涵为中心，真正使城镇成为具有较高品质的适宜人居之所。新型城镇化的核心在于不以牺牲农业和粮食、生态和环境为代价，着眼农民，涵盖农村，实现城乡基础设施一体化和公共服务均等化，促进经济社会发展，实现共同富裕。

第三节　资源、环境与发展的协调

世界上有些资源短缺的国家发展的比较好，比如，日本、瑞士、新加坡、以色列、韩国、中国香港、中国台湾等国家和地区发展得很好，但它们的资源非常贫乏；而有些资源丰富的国家发展缓慢，如赞比亚、玻利维亚、圭亚那、毛里塔尼亚、冈比亚等；有些石油资源丰富的国家人均收入很高，但仍然不是发达国家，因为经济不可持续。一旦石油采完和油价大跌，收入立即就会大幅度下降。从经济增长率来看，这些国家的发展也是非常缓慢的。

按照托达罗的分析，地球上最大的环境破坏者是最富有的 10 亿人和最穷的 10 亿人，与所有 40 亿中等收入的人口比，最穷的 10 亿人口对环境的破坏性更大。因此，有人认为，改善最贫困人口的经济状况，有可能对环境改善有帮助，但其他群体的收入与消费水平也同时在增长，社会全体人群对环境的破坏程度有可能还是在增加。因此，要使环境恶化被控制在最低程度，同时也能够改善所有人的生活条件，并不是一件容易办到的事情。

一、“荷兰病”

因资源丰富而导致经济发展停滞的现象在世界上屡见不鲜,其中最有名的就是“荷兰病”。

20 世纪 50 年代,荷兰发现大量石油和天然气,荷兰政府大力发展石油、天然气业,出口剧增,国际收支出现顺差,经济显现繁荣景象。然而,随着天然气出口的增加,荷兰本国货币荷兰盾的汇率也随之上升,劳动者薪水也同时上涨,导致生产成本大幅攀升,工业产品的国际竞争力急速下滑,造成经济恶化。伴随着经济恶化,由于经济增长时期大幅提高的社会保障体系负担,对政府财政产生了巨大压力,财政赤字也随之急速增加。

这种由自然资源的发现和随之而来的出口剧增,所带来的暂时繁荣但又不能持续的情况,国际上称为“荷兰病”。1970 和 1980 年代早期的石油价格暴涨,一些国家产生类似荷兰情况,墨西哥、尼日利亚和沙特等在 20 世纪的七八十年代也得过“荷兰病”。

荷兰病在中国

上世纪中国著名的辽宁阜新市海州露天煤矿夜间生产的画面,火红的挖掘场景,曾经感动了无数的中国人,作为著名的煤电之城,那高高扬起的挖煤的电镐,也被印上了 1960 年版的 5 元人民币。

但 2000 年前后,阜新市的煤炭资源逐渐枯竭,1/3 以上的工业企业处于停产、半停产状态,15.6 万产业工人相继下岗，这一数字占到了职工总数的 36.7%；从全市来看，共有 19.8 万人处于最低生活保障线以下。此外阜新还面临着棚户区拥挤成片，采空区不断沉陷的尴尬处境。

在中国，有很多因资源而兴起的城市，比如石油之城大庆、煤炭之城大同。历史上，这些资源型城市虽然由小到大、走向繁荣，但由于过于依赖资源优势，造成经济构成单一，当资源由多变少甚至枯竭时，危机也就开始产生。

2008 年，国家发改委确定第一批资源枯竭城市 12 个，分别是阜新、伊春、辽源、白山、盘锦、石嘴山、白银、个旧（县级市）、焦作、萍乡、大冶（县级市）、大兴安岭等 12 个城市。2009 年，国家发改委公布第二批资源枯竭城市 32 个，分别是山东枣庄、辽宁抚顺、内蒙阿尔山、江西景德镇等。其中，① 地级市 9 个：山东省枣庄市、湖北省黄石市、安徽省淮北市、安徽省铜陵市、黑龙江省七台河市、重庆市万盛区（当作地级市对待）、辽宁省抚顺市、陕西省铜川市、江西省景德镇市。② 县级市 17 个：贵州省铜仁地区万山特区、甘肃省玉门市、湖北省潜江市、河南省灵宝市、广西壮族自治区合山市、湖南省耒阳市、湖南省冷水江市、辽宁省北票市、吉林省舒兰市、四川省华蓥市、吉林省九台市、湖南省资兴市、湖北省钟祥市、山西省孝义市、黑龙江省五大连池市（森工）、内蒙古自治区阿尔山市（森工）吉林敦化（森工）。③ 市辖区 6

个:辽宁省葫芦岛市杨家杖子开发区、河北省承德市鹰手营子矿区、辽宁省葫芦岛市南票区、云南省昆明市东川区、辽宁省辽阳市弓长岭区、河北省张家口市下花园区。

2011 年第三批资源枯竭城市 25 个,三批共计公布 69 个资源枯竭城市。

二、资源诅咒论

最早提出资源诅咒理论的是理查德·奥蒂(Richard M. Audi,1993),这个概念很快被学术界接受,并成为一个新的研究热点。

所谓“资源诅咒”:从长期增长状况来看,与那些资源贫乏国家相比,那些自然资源丰富、经济中资源性产品占据主导地位的发展中国家,反而增长速度要缓慢些;尽管资源丰富的国家,可能会由于资源品价格的上涨而实现短期的经济增长,但他们最终又会陷入经济停滞状态,丰富的自然资源最终成为“赢者的诅咒”(winner's curse)。

根据理论分析,自然资源对经济增长的直接影响应该是正面的,但自然资源会通过影响其他一些发展因素,从而对经济增长产生间接的负面影响，这个负面影响可能会超过其正面影响，因此导致经济不仅没有增长反而出现停滞。这表现在几个方面：

第一，对教育的影响。在资源比较丰富的国家，构成经济活动主体的初级产品部门，并不需要高素质、高技能的劳动力，这样，会使人们不重视教育，持“读书无用论”，这就忽视了人力资本投资，忽视了国民素质培养等，从长期看就影响到整个国家的发展水平。

第二，对投资与创新的影响。丰富的自然资源能够为人们在一段时间内提供持续的财富，这给人们造成一种错觉，即福利水平不必依赖资本的积累和传递，不必依赖技术的提升和进步，人们专注于消费而忽视储蓄和投资，忽视对技术的更新和创新。

第三，对制度的影响。丰富的自然资源可能会导致掠夺和腐败。这些方面的共同作用，就影响到资源丰富国家的经济持续增长。

20世纪80年代以来，越来越多的资源丰富国家陷入增长陷阱。1965—1998年，全世界低收入国家人均GNP以年均2.2%的速度递增，而OPEC(石油输出国组织)国家同期却下降了1.3%。在全球65个资源相对丰富的国家中，只有四个国家(印度尼西亚、马来西亚、泰国、博茨瓦纳)人均GNP年增速达到4%(1970—1998)，而一些东亚资源稀缺的经济体(中国香港、新加坡、韩国、中国台湾)，经济增长却超过了发达国家的平均水平(世界银行，2000)。

有了对资源的依赖，人们的创新意识、忧患意识就会弱化，埋首于唾手可得的丰富资源。

三、库兹涅茨环境曲线

在第四章关于收入分配与贫困问题中，库兹涅茨(Kuznets)提出了一个倒U型曲线的分析方式，经济学家在研究环境恶化、环境污染、环境治理等问题时，借用了库兹涅茨曲线的这一分析思路。

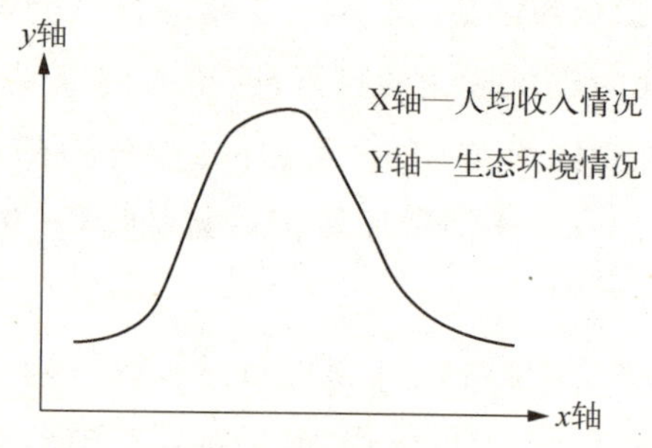

库兹涅茨环境曲线

当一个国家经济发展水平较低的时候，环境污染的程度较轻，但是随着人均收入的增加，环境污染由低趋高，环境恶化程度随经济的增长而加剧；当经济发展达到一定水平后，也就是说，到达某个临界点或称"拐点"以后，随着人均收入的进一步增加，环境污染又由高趋低，其环境污染的程度逐渐下降，环境质量逐渐得到改善，这种现象被称为环境库兹涅茨曲线。

对于环境库兹涅茨曲线产生的原因，经济学家从不同方面进行了分析，主要以下几个方面：

第一，经济结构的转变。传统农业基本不会对生态环境造成巨大影响，随着工业化和城市化加快，生态系统遭到破坏，产生大量污染，超过环境吸纳能力，使环境恶化。当经济发展到更高的水平，产业结构进一步升级，从高耗能、高污染向服务业和节能环保转变，消耗资源、污染排放减少，环境污染得到改善，这就是结构变化对环境所产生的效应。

第二，对环境服务的需求随着经济发展逐渐提高。舒适的生态环境是一种更高层次的需要。发展初期收入水平低，首要目标是发展经济，解决温饱。只有富裕之后，才想要清新空气，环境服务需求才大幅度增加。良好生态环境会被创造出来，生态环境变得更好。

第三，环境保护意识随着经济发展而逐渐增强。发展初期，环境保持原始状态，污染轻，对生活没有大影响，环保意识不强，措施不严，致使环境状况恶化。随着经济发展对环境破坏加剧，才意识到重要性，环保措施加强，使环境状况得到改善。

第四，治理环境污染的财力随着经济发展而变得雄厚。环境污染是无法通过市场来解决的，必须由政府主导。在发展初期政府收入有限，无法提供大量资金投入环保，结果环境将会恶化。经济发展后期，国家财力雄厚，将大幅度增加环保投资来治理污染，保护环境，使环境状况得到改善。

第五，不发达国家在环境保护方面，处于不利地位而导致环境恶化更为严重。先发国家通过扩张和掠夺，减轻国内资源耗竭和环境污染。发达国家通过产业转移，把污染产业逐渐转移到欠发达国家，以保护国内环境。不发达国家不仅没有丰富资源利用，而且为了发展还不得不承接发达国家转移的污染性产业。

表 5-1　环境污染对健康和生产率的不利影响

水污染和缺水	死亡，患病，健康危害	渔业产量下降；花费大量时间，付出费用；水源紧张；供水不足限制经济活动
空气污染	急性病和慢性病，提前死亡	严重时会限制车辆和工业活动；酸雨对森林和水体的影响
固体废物	传播疾病，堵塞排水道	污染地下水源
土壤退化	减少营养；易造成干旱	农田生产率降低；水利设施的泥土淤积
森林砍伐	局部洪灾，死亡和疾病	丧失木材，丧失流域稳定性，固碳功能
生物多样性的丧失	失去潜在的新药	降低生态系统的兼容性，丧失遗传资源
大气变化	疾病转变，自然灾害	海面上升，食物链中断；农业生产率变化

四、私人物品框架下的环境问题

这里的私人物品不是指单个普通人自己拥有的个人物品，而是指把社会上的共有资源、或者稀缺资源等全部私有化，即转化成私人所有的物品。提出这种观点的经济学家，属于新古典主义经济学派，他们认为，造成资源配置效率低的原因，在于自由市场运行过程中存在障碍，或产权制度不完善。只要所有资源都归私人占有，且不存在市场扭曲，资源就可以得到有效的配置。完善的产权市场应该具备以下四个条件：

普遍性：所有资源都为私人所有；排他性：必须可以防止他人从私有资源中获益。可转移性：自由所有者在必要时可以出售其资源。可执行性：对资源利益预期的市场分配必须能够执行。

在这四个条件下，稀缺资源的所有者就会有经济动力，来设法从资源的销售和利用上实现净收益最大化。比如，拥有自己土地的农民，会选择可实现土地净收益最大化的投资、技术和产出水平。如果这四个条件不能同时满足，就会出现低效率问题。

这种观点其实就是要走全面的私有化、完全市场化道路，很显然，这在中国是不现实的。例如，有人提出，当前中国农村土地利用效率低、存在大量的荒地、弃耕土地、土壤河流污染严重，就是因为土地没有私有化，如果让农民的土地私有化，农民就从长远考虑，更加爱护土地珍惜土壤，使用更环保的技术进行精耕细作等。如果把河流湖泊的所有权归私人所有，那么其所有者就会积极保护河流、湖泊、水源等，免受污染。

如果某种稀缺资源为公共所有，每个人都可以肆意地挥霍利用，那么这种资源所潜在的收益能力就会丧失。在公共财产制度下，土地带来的社会总净收益是比较小的，除非工人能够以某种方式共同协调好，相互合作。

五、低碳经济与雾霾消除

随着全球人口的不断增长和经济规模的不断扩大，能源使用带来的环境问题、大气中二氧化碳（CO_2）浓度升高带来的全球气候变化问题，日趋威胁到人类的健康、生存和可持续发展，对人类生存和发展提出了严峻挑战。

低碳经济（Low-Carbon Economy，缩写：LCE），是指一个经济系统只有很少或没有温室气体排放到大气层，或指一个经济系统的碳排放单位接近于或等于零。它是以低能耗、低污染、低二氧化碳排放为基础的一种新型经济模式，可让大气中的温室气体含量稳定在一个适当的水平，避免剧烈的气候改变，减少恶劣气候对人类造成伤害的机会。

低碳经济，不仅要求制造业要加快淘汰高能耗、高污染的落后生产能力，推进节能减排的科技创新，而且也要求普通公众在日常生活行为中，改变浪费能源、增排污染的不良行为和嗜好。比如，日常生活中减少或拒绝使用塑料袋、减少或拒绝一次性用品的消费、多以步行代替坐车、节约用水用电、拒绝奢侈浪费、拒绝铺张浪费等，都能够直接或间接地减少二氧化碳的排放。

因此，发展低碳经济不仅是制造业、工业部门的责任，也是每个部门、每个家庭、每个人的责任。对于国家、社会而言，是低碳经济，对于家庭、个人而言，就是低碳生活。

少吃2两肉，相当于减排3两碳哟！
少开车1公里，减 少0.22kg 碳排放量
少用塑料袋！

低碳生活准则

1. 随手关灯、开关、拔插头；

2. 每张纸都双面打印；

3. 不坐电梯爬楼梯；

4. 在家种花草也是绿化；

5. 少用塑料袋。一只塑料袋5毛钱，但它造成的污染可能是5毛钱的50倍；

6. 关掉不用的电脑程序，减少硬盘工作量，既省电也维护你的电脑；

7. 没必要一进门就把全部照明灯打开，人类发明电灯至今不过130年，之前的几千年也过得好好的；

8. 多坐公交少开车；

9. 无需痴迷皮草，保护动物和大自然；

10. 气候变暖一部分是出于对过度使用空调/暖气的报复；

11. 尽量少使用一次性牙刷、一次性塑料袋、一次性水杯/饭盒；

12. 未必红木和真皮才能体现居家品味，建议使用竹制家具，因为竹子比树木长得快；

13. 利用太阳能就是尽量把工作放在白天做；

14. 过量肉食至少伤害动物、你自己和地球；

15. 洗菜时无需把水龙头开到最大；

16. 衣服攒够一桶再洗不是因为懒，是为了节约水电；

17. 儿童的部分玩具、衣物、书籍用二手的就好；

18. 定期检查轮胎气压，气量过低或过足都会增加油耗；

19. 定期清洗空调，不仅为了健康，还可以省不少电；

20. 向老公交司机学习如何省油：少用急刹，把油门松了，靠惯性滑过去；

21. 科学地勤俭节约是优良传统；剩菜冷却后，用保鲜膜包好再送进冰箱；热气不仅增加冰箱做功，还会结霜，双重费电；

22. 洗衣机开强档比开弱档更省电，还能延长机器寿命；

23. 电视机在待机状态下耗电量一般为其开机功率的10%左右，这笔账算起来还真不太小；

24. 如果只用电脑听音乐，显示器可以调暗，或者干脆关掉；

25. 如果热水用得多，不妨让热水器始终通电保温，因为保温一天所用的电比一箱凉水烧到相同温度还要低；

26. 洗干净同样一辆车，用桶盛水擦洗只是用水龙头冲洗用水量的1/8；

27. 可以把马桶水箱里的浮球调低2厘米，一年可以省下4立方水；

28. 随身常备筷子或勺子，已经是环保人士的一种标签；

29. 冰箱内存放食物的量以占容积的80%为宜，放得过多或过少，都费电；

30. 开短会也是一种节约照明、空调、音响等等；

31. 没事多出去走走，“宅”是很费电的；

32. 尽量买本地、当季产品，运输和包装常常比生产更耗能。

第六章 与人口相关的理论与实践

第一节 人口与发展的一些基本理论

一、人口增长概述

公元初年，世界人口总量2.5亿，1750年世界人口总量达7.25亿。进入18世纪以后，世界人口总量以加速度的方式快速增长。从第一个10亿人口增加到第七个10亿人口，只用了200年的时间，也就是说过去的200年中，世界人口总量净增加了60亿，但世界人口增加第一个5亿时，却花了1700多年，如表6－1所示。目前，全球70亿人口有一半以上居住在六个国家：中国、印度、美国、印尼、巴西、巴基斯坦、孟加拉，其中以亚洲国家占多数。

表6－1 历史上的世界人口增长

到达年	人口（亿人）	所需时间（年）
1804	10	
1927	20	123
1960	30	33
1974	40	14
1987	50	13

续 表

到达年	人口(亿人)	所需时间(年)
1998	60	12
2005	64	
2006/2/26	65	
2011/10/30	70	13
2050	90	

数据来源:根据德布拉吉-瑞《发展经济学》,北京大学出版社,2000 年版;托达罗《发展经济学》,机械工业出版社,2009 年版;以及世界银行、联合国网站数据整理。

2010 年中国第六次人口普查结果是,全国总人口为 1370536875 人,其中:普查登记的大陆 31 个省、自治区、直辖市和现役军人的人口共 1339724852 人,香港特别行政区人口为 7097600 人,澳门特别行政区人口为 552300 人,台湾地区人口为 23162123 人。大陆 31 个省、自治区、直辖市和现役军人的人口,同第五次全国人口普查 2000 年 11 月 1 日零时的 1265825048 人相比,十年共增加 73899804 人,增长 5.84%,年平均增长率为 0.57%。表 6-2 列出了 1949 年以来,中国人口每增加 1 亿所花费的时间,上世纪 80 年代以来的计划生育政策使总人口增加速度逐渐放缓。

表 6-2 1949 年后中国人口每增加 1 亿所用时间

年份	人口数量(亿)	增加一亿所用的时间(年)
1954	6	/
1964	7	10
1969	8	5
1974	9	5

续表

年份	人口数量(亿)	增加一亿所用的时间(年)
1981	10	7
1988	11	7
1995	12	7
2005	13	10

注:根据国家统计局人口统计数据整理所得。

数据来源:国家人口和计划生育委员会宣传教育司编,《挑战与希望——中国13亿人口日宣传提纲》,中国人口出版社。

在1960—1979年,世界年平均人口增长率约为1.9%,发展中国家人口增长率平均每年为2.3%,发达国家只有0.9%。1980年以来,世界人口增速趋缓。低收入国家人口增长率仍然很高,高收入国家稳定在低速,甚至有的出现人口零增长和负增长。

人口增长过程中,惯性与社会习俗对人口增长有非常强大的影响力。生育惯性在宏观上表现为大量的年轻人口不断进入生育阶段,人口的自然增长是无法被控制的,即使在人口出生率大幅度下降之后,人口增长往往保持强大的惯性,还会持续很长一段时间,这个"滑行"时间可能是几十年。"多子多福""养儿防老""男孩偏好"的社会习俗,在落后地区仍然是影响生育行为的重要因素,这一点在中国农村地区尤其明显。

二、基本的人口理论

1. 马尔萨斯(R. T. Malthus,1766—1834)人口论

英国人口学家马尔萨斯1789年在其代表作《人口论》中

指出，当不加限制的时候，人口以一种几何级数增长，这样，每25年人口总数要翻一番。即使在最好的自然条件下，生存资料（即食品的供给）也不可能快于算术级数的速度增长。这样，粮食增长不能与人口的增长潜力同步，从长远来看，人口增长必然受到生活资料的限制，只要生活资料增长，人口一定会坚定不移地增长，除非受到某种非常有力而又显著的抑制力量的阻止。因此，控制人口的措施包括：战争、饥荒、瘟疫、道德限制、避孕、堕胎等。

马尔萨斯人口理论给了人们一个明确的认识和警示，不能不顾经济发展条件而盲目鼓励人口增长，控制人口增长应该成为发展中国家，尤其是发展中的人口大国经济发展的一项重要政策。

马尔萨斯诞生于1766年，逝世于1834年，他所处的时代正是世界人口脱离缓慢增长轨道，进入快速增长时期，在马尔萨斯38岁的那一年（1804年），世界人口达到了第一个10亿，正是看到这种人口总量的迅猛增长，马尔萨斯认为有必要对人口增长进行限制，当然他没有估测到产业革命所产生的巨大科技能量，也为大量人口提供了生存基础。

2. 人口转折理论

所谓人口转折（Demographic Transition），是指从高出生率和高死亡率的稳定人口，转向低出生率和低死亡率的稳定人口。

人口增长率＝人口出生率－人口死亡率。

通常情况下，人口增长率的增加基本上都是由死亡率的降低引起的。在过去的200年间，世界人口总量发生了爆炸性增长，但这种增长也呈现出一定的特点，人口增长在历史上经历了几个不同特征的阶段，这几个阶段分别被描述为：

第一阶段：高死亡率和高出生率，人口增长率非常低。第二阶段：死亡率下降，但出生率居高不下，人口增长率急剧上升。第三阶段：死亡率仍在下降，出生率开始下降，但下降速度减慢，人口增长率逐渐下降。第四阶段：低死亡率和低出生率，人口增长率低。

（1）发达国家的人口转折。发达国家的人口增长，基本上都经历了上述四个不同阶段。发达国家这四个阶段所对应的历史时期分别为：

第一阶段主要是指在19世纪以前，工业化国家的人口变动情况。在19世纪以前，人口再生产没有受到人为控制，出生率接近生物学上的最大量。但这一时期因饥荒、瘟疫和战争，死亡率也很高。如发生在1347—1353年间席卷整个欧洲的一场历史性大鼠疫（俗称“黑死病”），夺走了2500万欧洲人的性命，相当于1/3的欧洲人口丧生于这场瘟疫。

第二阶段发生在19世纪中期—20世纪初。经济迅速发展、科学技术的革新，导致医学技术不断改进，人们的健康和营养状况显著改善，死亡率降低，预期寿命也在延长。但传统的生育观念和制度继续保留，总人口出生率并没有下降，高出生率与下降的死亡率之间差距扩大，人口增长率急剧上升。

第三阶段反映20世纪初—1950年代，发达国家的人口增长情况。这一时期包括了两次世界大战，但死亡率仍然在下降，而且下降速率放慢。由于工业化、城市化的迅速发展，

19世纪末的医学成就之一:血清疗法

血清疗法创始人是日本医学家北里柴三郎和德国著名细菌学家贝林。19世纪末,北里柴三郎在科赫的研究所里专攻细菌学,1889年他成功地进行了破伤风菌的纯种培养。1890年,北里柴三郎和贝林共同研究破伤风的免疫血清疗法获得成功。他们合作进行了抗毒素的实验研究:将白喉或破伤风杆菌的肉汤培养物杀灭以后,给实验动物注射,实验动物血液中即出现能够中和这些杆菌的抗毒素。这种抗毒素还能使另一只动物获得免疫,能够治疗已经出现的白喉症状。1891年底,德国柏林一家医院首次给白喉患儿注入白喉抗毒素血清,患儿获救。

当时对人类健康威胁最大的是传染病,欧洲一年有5万名儿童死于白喉,苦于无法治疗。这一疗法的疗效很快被证实,迅速得到推广,使白喉的病死率大幅度降低。贝林等对白喉搞抗毒素血清疗法的研究震动医学界,首次诺贝尔生理学和医学奖于1901年授予了贝林。

资料来源:维基百科 http://zh.wikipedia.org/wiki/%E5%8C%97%E9%87%8C%E6%9F%B4%E4%B8%89%E9%83%8E。

以及女性文化水平和社会经济活动参加率提高,避孕技术进步,出生率呈下降趋势,降幅大于死亡率。

第四阶段体现在1950年代以后的人口变动情况。第二次世界大战结束以后,发达国家进入了经济生活稳定发展、科学技术突飞猛进的历史新时期。人口出生率下降步伐趋缓,死亡率因趋于极限下降很少。低出生率伴随低死亡率,使得人口变动渐趋于零。2005 年,高收入国家平均出生率是 12‰,死亡率 8‰,因此人口增长率只有 0.4%。

第二次世界大战后的“4664”现象:美国的婴儿潮

1945 年二战结束后,大批军人返回美国,1946 年美国出生了 340 万个婴儿,使 1946 年成为美国婴儿潮的开始。在此后的 1946—1964 年间,美国共有 7590 多万婴儿出生,这个人群被通称为“婴儿潮一代”。

(2) 发展中国家的人口转折。20 世纪以来,发展中国家人口死亡率下降经历了三个不同阶段,这三个阶段与发达国家略有不同。第一阶段出现在 20 世纪初。法律和秩序的强制实施,加上较发达的交通运输使食物的生产和分配得到了显著改善,从而使得以前经常出现的饥荒大大减少。第二阶段始于 20 世纪中叶公共健康项目的实施,包括供水和卫生系统。第三阶段包括通过医院和广泛的医疗服务,使儿童死亡率大大降低。大多数发展中国家的婴儿死亡率还远高于发达国家,但从长期来看,由于医疗条件的改善,其婴儿死亡率大大降低了。2008 年低收入国家的婴儿死亡率下降到 11‰。发展中国家人口死亡率的大幅度下降,主要原因是医学的巨大进步和粮食生产技术与分配系统的改善。

中国在 1949—2009 年间,撇开 1950 年代末 60 年代初的特殊时期,基本上经历了人口转变的后三个阶段。

第一阶段是 1950—1960 年代,人口出生率很高和死亡率不断下降，因此人口增长率较高，平均保持在2%以上。第二阶段是1970—1990年代，计划生育政策发挥了非常重要的作用。人口死亡率继续下降但人口出生率下降得更快，带来人口增长率显著下降，从1970年的2.58%下降到2001年的0.69%。第三阶段在2000年以后，出生率和死亡率保持在低水平上，人口增长率保持在0.5%—0.6%的低水平，与高收入国家的人口出生率、死亡率和增长率相当。计划生育政策继续发挥作用，经济发展水平的提高也使得育龄妇女养育孩子的机会成本上升。

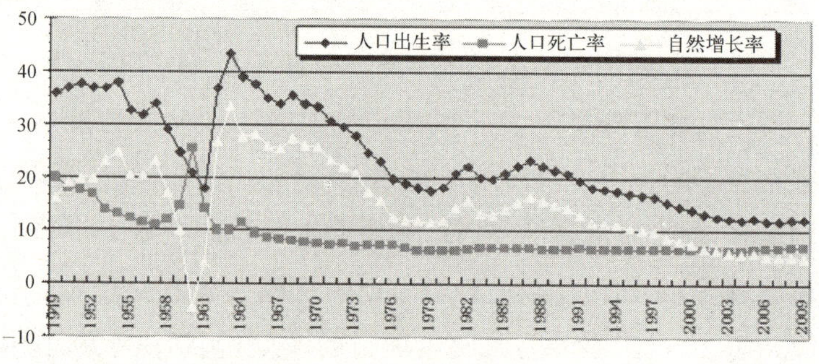

图6-1 1949年后的中国人口转折

3. 人口生育的微观理论

生育子女带来的收益有：劳动力——经济效益；养老——保险收益；消费——享乐收益；维系家庭的地位；承担家业兴衰的风险、维系家族昌盛。养育孩子的成本包括：母亲时间的机会成本；孩子的养育费用，包括衣、食、上学等的支出。

发达国家人口出生率低，其原因在于：高度竞争迫使父母亲为了让子女找到好工作而进行智力投资；女性教育水平和就业机会高，增加了抚养子女的机会成本；子女在上学年龄一般没有为家庭挣钱的机会，增加了养育净成本；父母亲年老后一般不需要子女赡养；医疗卫生技术发达，营养丰富，儿童死亡率很低，解除了为保证得到一定数目子女而多生一些的忧虑；“多子多福”“无后为大”的传统观念不存在，“及时行乐”的观念越来越强，父母亲不愿为哺养孩子而劳神费时。总之，在发达国家，养育子女的成本不断增加，但对子女的未来预期收益不断下降。生育孩子成了高成本-低收益行为，自然导致人口出生率降低。

发展中国家人口出生率比发达国家高，其原因在于：教育落后，智力投资很少，女性受教育和参加工作机会很少；子女从小就可以帮助家庭创造收入；父母年老后因无养老金不得不依靠成年子女赡养；“多子多福”“无后为大”的传统观念还根深蒂固；女孩一般要嫁到别人家，而男孩则继承财产和赡养父母；农业社会中，劳动大都是繁重体力，男子相对于女子力气更大，劳动生产率更高；发展中国家人口死亡率下降是近二三十年的事。总之，发展中国家养育子女的成本比较低，但子女带来的预期收益还是可观的，这种低成本-高收益的生育行为，自然是受人们欢迎的。

4. 人口红利与人口老龄化

人口的年龄结构一般有三个阶段：第一阶段，高少年儿童抚养比：出生率高，人口年轻化；第二阶段，高劳动年龄人口比：出生率低，中年人口多（少年儿童、老人比例低）；第三阶段，高老年抚养比：人均寿命长，老年人多。

高劳动年龄人口时期，社会负担率较轻，储蓄率高，有利于经济增长，人口生产性就如同经济增长的一个额外源泉。如果恰好处在这样的人口年龄结构最富有生产性的阶段上，人口红利的窗口就会打开。

一国人口生育率的迅速下降，意味着少儿抚养比例迅速下降，劳动年龄人口比例上升，在老年人口比例达到较高水平之前，将形成一个劳动力资源相对丰富、抚养负担轻、于经济发展十分有利的"黄金时期"，人口经济学家称之为"人口红利"。

1. 人口红利

是指一个国家的劳动年龄人口占总人口比重较大，抚养率比较低，为经济发展创造了有利的人口条件，整个国家的经济成高储蓄、高投资和高增长的局面。人口红利对生产领域的影响，主要体现在劳动供给上。中国 2006 年人口红利的贡献率占 GDP 的 13.36%。

第四次中国人口普查 10%抽样：15—59 岁人口占总人口的比重为 67.85%。第五次人口普查数据中，15—64 岁的人口为 88793 万人，占总人口的 70.15%。2008 年，中国 15—64 岁人口占总人口的 72%。

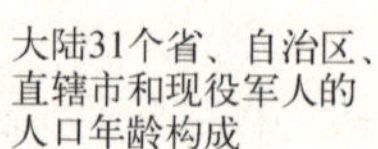

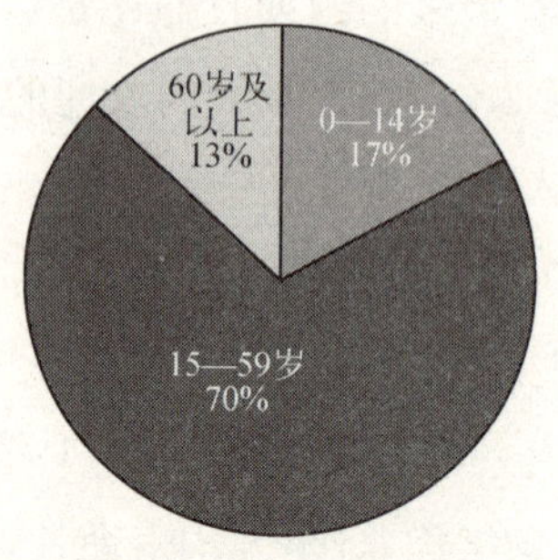

第六次人口普查的年龄构成

人口红利对消费和储蓄的影响：劳动年龄人口比例高，有收入的群体比例大，意味着有消费能力的人数比例高，增加消费需求。同时，储蓄率也会上升。与人口红利相对应的人口负债，就是不断加速的人口老龄化。

2. 人口老龄化

当一个社会里 60 岁以上老年人口占总人口的 10%，或者 65 岁以上的人口比率超过总人口的 7%时，这个社会就处于老龄化状态。

人口老龄化有两种含义：一是指老年人口相对增多，在总人口中所占比例不断上升的过程；二是指社会人口结构呈现老年状态，进入老龄化社会。老龄化会改变人口抚养比，增加政府和家庭的负担。其次，人口老龄化导致劳动力人口老化。

欧洲是典型福利国家，被誉为老年人的天堂，这些先期进入老龄化社会的发达国家，目前人均 GDP 达到 3 万美元以上，呈现“先富后老”，为解决人口老龄化问题奠定了经济基础。尽管这样，老年人口负担系数大仍然是大难题。

据 2011 年中国第六次人口普查数据，中国 60 岁以上老年人口已经达到 13.26%，这个比重将以更快速度提高。中国进入老龄化社会时，人均 GDP 约为 4000 美元，按购买力平价算，也远低于欧洲国家，呈现“未富先老”特点。

第二节 人力资本的相关理论

古典经济学家承认人的能力对经济生活有重要影响，但古典和早期的发展经济学家更多地从人力资源意义上来认定人力资本。亚当·斯密指出，学习是一种才能，须受教育，须进学校，须做徒弟，所费不少。这样费去的资本，好多已经实现并固定在学习者的身上。这些才能，对于他个人自然是财富的一部分，对于他所属的社会，也是财富的一部分。

一、现代人力资本理论的三大巨头

1960年，西奥多·舒尔茨（T. W. Schultz，1902—1998）提出人力资本（human capital）概念，1961年发表《人力资本投资》一文，标志着现代人力资本理论的正式确立。舒尔茨指出资本不仅包括物质形态，还包括凝结在人体内的人力资本。人力资本是体现在人的身上、反映人的质量和能力的非物质资本。与提高能力有关的支出属于投资，和物质资本投资一样可获得收益，这种投资形成的资本是人力资本。

教育、改进营养和健康、迁移就业、降低生育率等各种提高劳动质量的支出，是一种资本积累，能提高劳动生产率和收入。舒尔茨指出："改善穷人福利的决定性生产要素不是空间、能源和耕地，决定性要素是人口质量的改善和知识的增进。"

人力资本理论在贝克尔（Cary S. Becker，1930—2014）等不断补充和完善下日臻成熟，该理论逐渐得到了广泛认同。贝克尔指出，人力资本不仅意味着才干、知识和技能，而且还意味着时间、健康和寿命。医疗保健和营养，影响寿命、力量强度、耐久力和精力；教育和训练，包括正规、非正规学校教育和在职训练，它提高一个人的生产技能。

罗伯特·卢卡斯（R. Lucas，1937—　）认为，人力资本不仅可以提高劳动者自身的生产率，而且其外在效应还会扩散到别的劳动者身上，会从产品传递到新产品，因而将提高所有生产要素的生产率，进而实现规模收益递增。

1. 西奥多·舒尔茨，美国经济学家。深入研究了发展中国家在发展经济中应特别考虑的问题，在经济发展方面做出了开创性研究，从而获得1979年诺贝尔经济学奖。他说："世界上大多数人是贫穷的，所以如果懂得穷人的经济学，我们也就懂得了许多真起码重要的经济原理。世界上大多数穷人以农业为生，因而如果我们懂得农业经济学，我们也就懂得许多穷人的经济学。"

2. 加里·S·贝克尔，美国经济学家和社会学家。把经济理论运用到过去同市场力量没有联系的领域，如社会学、政治学、人口统计学、犯罪学和生物学等，把经济学拓展到人类行为的研究中，从而获得 1992 年诺贝尔经济学奖。主要著作有：《歧视经济学》《生育力的经济分析》《人力资本》《人类行为的经济分析》《家庭论》。

3. 罗伯特·卢卡斯，又被称为小罗伯特·卢卡斯，美国经济学家。理性预期学派的重量级代表，倡导和发展了理性预期与宏观经济学研究的运用理论，深化了人们对经济政策的理解，并对经济周期理论提出了独到的见解，获得 1995 年诺贝尔经济学奖获奖。主要著作有：《理性预期与经济计量实践》《经济周期理论研究》《经济周期模式》《经济动态学中的递归法》。

二、健康与人力资本

人的健康对于经济发展有着显著的影响。第一，健康的人能够工作更长的时间，在体力、脑力或者认知能力上都更加充沛强壮，这直接提高了家庭和市场的劳动生产率。第二，健康的人可以享受更长寿命，更有动力为其教育投资。大量研究表明，教育在很大程度上能够提高个人劳动生产率和收入。第三，更长的期望寿命促进了生产阶段的个人储蓄，这为经济投资储备了更多的货币资本，后者进一步促进了收入和经济增长。更健康的劳动力同时也吸引了更多的外国投资。第四，更健康的人群意味着更低的死亡率，这降低了家庭大量生育的必要性，从而导致更低的人口增长率和人口平均年龄的提高。这种人口结构的变化进一步提高了工作年龄人群的比例，而后者是人均收入和经济增长的重要因素。对人身体素质的投资，即营养和保健方面的投资，不仅有利于生产能力提高和人力资本形成，而且也是发展目的之一。参见本书第七章“贫困与营养不良”的相关论述。

新华网2013年10月16日报道：中国老年学学会发布的统计数据中，截至2013年7月1日，中国31个省区市健在的百岁老人达到54166人，这是中国百岁老人数量首次突破5万人大关，其中最长寿者年龄达127岁。

其中，十大寿星平均年龄119.2岁，主要分布在新疆、湖南、云南、山东、广西、四川等六个省区。来自新疆疏勒县、生于1886年6月25日的维吾尔族女寿星阿丽米罕·色依提以127岁高龄位居十大寿星榜首。十大寿星中年龄最小的也有116岁，是来自四川双流县、生于1897年7月19日的汉族女寿星付素清。

此次统计中，百岁老人中女性数量明显多于男性，健在的百岁老人中，男性有111307人，占总数的20.87%；而女性有42859人，占总数的79.13%。从城乡比例看，乡村老人比城镇老人更长寿，城镇健在的百岁老人有13983人，占总数的25.82%；而乡村健在的百岁老人有40183人，占74.18%。

此次上榜的中国十大百岁夫妻，平均年龄之和为207.7岁，来自河南省禹州市的汉族老寿星平木虎和妻子张新妞夫妇以年龄之和213岁位居十大百岁夫妻榜首。此次上榜的十大百岁夫妻主要分布在海南、河南、上海、辽宁、福建五省市，其中有一半来自海南省，仅海南万宁市就有两对百岁夫妻上榜，海南万宁市由此被中国老年学学会授予“中国长寿之乡”的称号。

中国老年学学会王副秘书长表示，连续几届的百岁老人调查发现，长寿老人普遍具有心态平和、饮食节制、终身劳作、家庭和谐、居住地生态环境良好的共同特征，这是值得所有老年人借鉴的“长寿密码”。

资料来源：新华网http://news.xinhuanet.com/local/2013—10/16/c_117746352.htm。

三、教育与人力资本

教育（或培训）被认为是增进人力资本最直接、最重要的途径，因为教育直接地促进人的知识的增加和技能的开发。

1. 教育的形式

狭义教育只包括学校正规教育，是典型的教育形式。广义的教育包括三种：① 学校正规教育（formal education）。一般是未开始参加工作的青少年，在学校正规教育机构中接受系统教育；② 非学校正规教育（nonformal education）。成年人在非学校的正规教育机构中接受短期、专门技术训练。③ 非正规教育（informal education）。在任何教育机构之外的一种学习方式，通常也叫边干边学。

教育首先是消费品，为受教育者提供终身的文化上、精神上的满足；其次是一种投资，提高劳动者或未来劳动者赚取收益的能力。一个人通过教育提高了生产技能，从而增加了产出和收入，那么，这种增加的收入就是他的教育收益。一般说来，一个人受的教育越多，收益就越大。

2. 教育的成本—收益分析

教育成本分为两类：显性成本（或直接成本），是指教育费用支出，包括社会或政府提供的公共费用和个人或家庭提供的私人学费。隐性成本（或机会成本），是指学生因上学而放弃的收入，指学生在上学期间放弃的收入，如果不上学而参加生产活动，本来可以获得一笔额外的收入。

年龄越大，受教育越多，放弃的收入越大，隐性成本越高。一个贫穷孩子，即使上小学也有机会成本，因为很小时就可以为家庭干活。这也是农村学生中途辍学率较高的原因之一。

教育的收益也有两类：一是经济方面的收益，包括个人通过接受更高的教育能获得更高的收入；还有社会收益，指通过教育提高了人们的生产技能，使人们具备或提高发明创造能力，从而推动经济发展。另一是非经济方面的收益，比如教育会使受教育者有较高的道德风范，社会责任感提高等。

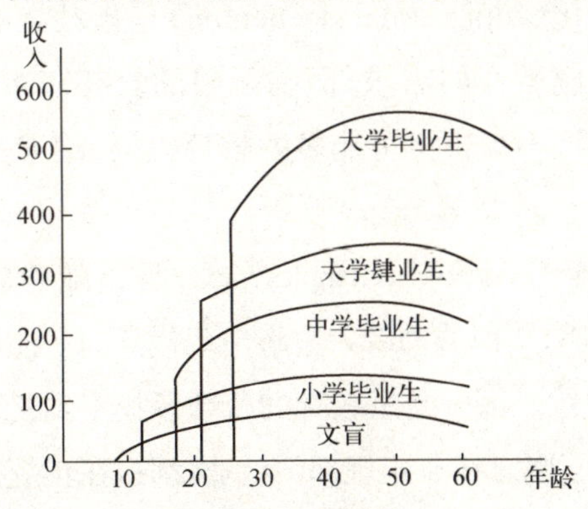

图 6－2　具有不同教育程度的年龄——收入曲线

①发展中国家的教育投资收益率高，不仅高于发达国家，而且高于物质资本的投资收益率。在大多数发展中国家，教育投资是合算的。②尤其是在教育落后国家，小学教育的投资收益率在各级教育中是最高的。初等教育还没有普及的，其初等教育收益率最高。③发展中国家各级私人教育收益率都大于社会教育收益率。这主要是因为发展中国家，政府对教育、尤其是高等教育补贴很大。但发达国家中等教育收益率私人高于社会，高等教育收益率私人低于社会。发达国家中小学教育一般免费，而大学教育大部分由自己负担。

过去几十年里，发展中国家的教育发展大大快于人口和经济的发展。发展中国家作为一个整体，教育支出占 GDP 中的比例大多上升。各级教育入学率显著上升，并且比高收入国家上升得更快，但与美国和英国相比，发展中国家教育支出比重都要低得多。总的来看，发展中国家没有从根本上改变教育落后这一基本状况。

3. 教育深化与知识失业

教育深化(educational deepening)是指教育的供给一般是被动地适应教育的需求，面临无限的教育需求，在财力许可范围内不得不提供尽可能多的教育机会，结果是教育发展异常迅速。

知识失业(educated unemployment)是指随着教育迅猛发展，学校培养的知识劳动者人数超出现代部门所能够提供的新就业机会，导致一部分受过教育的劳动者找不到工作。受过良好教育的人不愿意在非正规部门就业，都挤在正规部门寻找工作，而正规部门创造就业机会的能力是有限的，怀才不遇者只好寻找低一级工作，雇主也倾向于雇用文化程度更高的从事原由文化程度较低者从事的工作。比如，原来一个小学生可以完成的工作，现在由一个大学生去完成，这表现为知识失业。

这意味着，国民经济对人力资本的需要而言，出现教育过度，教育资源的浪费。教育的过度发展与知识失业的相互作用，必然导致发展中国家的资源配置不当，教育投资效率低下。受过相当教育的知识劳动者处于闲置和半闲置状态，这是人力资源的严重浪费。教育过度发展耗费了国家的大量物质资源，如果把这部分资源用于别的地方，可能产生大得多的效益。

毕业生描述：

当年是不上大学一辈子受穷，而现在是上了大学马上就受穷。

过去：一流学生出国，二流学生考研，三流学生就业。

现在：一流学生就业，二流学生出国，三流学生考研。

4. 智力外流

智力外流是指高技能者的迁移，在一国接受教育和训练而在另一国居住和工作。在发展中国家表现为，发展中国家的高级专门人才在国内完成学业后，流动到别的国家（主要是发达国家），为别的国家服务。

隐性智力外流，即人虽留在国内，思想却流向了国外。这种隐性智力外流在发展中国家，更为普遍、更为严重，某些人往往不去研究国内迫切的问题，而把注意力转到国际最先进技术。如，医生潜心研究尖端的心脏病，而把地方常见病作为次要专业；建筑师只热心于国家纪念碑和现代建筑的设计，而对低成本住房、学校的设计却漠不关心等。

四、发展中国家的就业特征

发展中国家的就业市场不是统一的，而是呈现出分割状态，被分割成非正规部门和正规部门。

1. 非正规部门的就业

在发展中国家就业市场里，非正规部门发挥了重要的作用，为穷人提供就业机会和促进城市现代部门的发展。非正规部门由一些无组织、小型企业和个体工商业者及打零工者组成，活动领域极为广泛，从小商小贩、手艺人、个体饮食摊主、搬运工、街头艺人、家庭保姆到各种家庭工厂，通常是自我雇用，或少量雇用。尤其是那些打散工的人，所从事工作是临时性，按件或钟点计酬。

非正规部门劳动者没有受过多少正规教育，文化和技术水平较低，属于非熟练工人，其劳动生产率和收入都比较低；既不能享受依法提供的劳动保护措施，又不能享受舒适的工作条件和老年退休金；也没有多少金融资源，银行也不给贷款，主要依靠双手和一些微薄的资金创造工作。也有一部分人因找不到工作，每天工作时间较短，收入少。大部分住在棚屋里，缺少起码的公共服务设施，如电、自来水、教育和卫生设施和服务。

2. 正规部门的就业

正规部门也称为现代部门，它由支付较高工资并提供稳定工作的大型厂商、大型私人企业和政府部门组成。现代私人部门往往由大公司组成，常享受政府特权，采用先进科技，获得规模效益和垄断利润，能够支付较高工资、津贴及各种社会福利。现代公共部门具有稳定的工作和各项津贴与福利，虽然工资收入低于私人大公司，但也是寻职者向往就业的好去处。在正规部门寻找工作的人总是远远大于该部门所能提供的数量，常常呈现劳动力供过于求的情况。正规部门的就业者大多数受过良好教育，知识和技术水平相对要高。

五、发展中国家的失业特点

发达国家的失业主要是城市失业而没有农村失业，失业状态是公开的，失业类型比较单一。但发展中国家的失业既有城市的失业，也有农村的失业；而且有的失业是公开的，但更多的失业是非公开的，即看起来在就业，实际上是失业。发展中国家的失业类型多种多样，因发展水平、人口、制度和文化及政策不同，呈现出的失业形式不完全一样。

由于人口增长迅速，发展中国家的失业率是持续上升的，就业和失业都在增加，但失业的增长快于就业的增长。具体而言，发展中国家的失业类型表现为：

(1) 公开失业：包括自愿失业和非自愿失业。自愿失业是指一些人不愿接受能够得到的就业机会而宁愿失业；比如，有一个月薪3000元的职位，有人嫌弃工资低，宁可在家失业，也不愿接受该职位。非自愿失业是指积极寻找工作，但仍无工作可做的劳动者。

(2) 就业不足：指实际工作时间少于他们能够并愿意工作的时间。比如，有人希望找到一个每天干8小时的活，但找到的工作只需每天干4小时，其他时间几乎无事可做。

(3) 伪装的失业：完全被掩盖起来，表面上在就业，实际上与失业无异。工作只要更少时间，或只要更少的人就可完成。比如，某单位收发室，共有5个人负责本单位的往来信件、包裹等的收发工作，每天每人都是按照八小时工作制上班。但由于该单位比较小，总共职员数量不超过100人，往来信件、包裹的数量并不是很多，按照工作效率计算，只要1个人每天花费4小时就可以完成全部工作量。这5个人看起来是在就业,但实际上等于失业,需要做的工作量很少。

(4) 隐蔽的失业:因无工可做而选择非就业活动。被迫上学,本科毕业后继续读研究生,研究生毕业后攻读博士学位,有的人拿到一个博士学位后,还继续攻读第二个博士学位。有的女性干脆辞职回家做全职主妇,围着家庭、孩子和灶台转。教育和家务成"最后的雇主"(employers of last resort)。

(5) 提前退休:在政府部门十分明显,且有上升趋势。尽管寿命在延长但退休年龄逐渐下降,主要是为年轻人创造就业和提升机会。比如,有的中国企业,鼓励女性员工40岁、男性45岁提前办理退休手续(简称"内退")。

(6) 健康受损：在正常情况下本来可以全日工作，但有些人由于营养不良，缺乏必要的医疗保健条件而受到伤害，从而不能全日工作。

(7) 无生产性劳动：因补充性的物质资源不充分，生产率极低，生产出来的产品甚至还不能补偿他们的生活必需品，如经常停电、半停产状态。

第七章　收入分配与贫困理论

第一节　衡量收入分配的一些基本工具

一、洛伦茨曲线与基尼系数

洛伦茨曲线与基尼系数是发展经济学衡量收入分配的两个最基本工具。1905 年，美国统计学家 M. O. 洛伦茨提出了著名的洛伦茨曲线，用来表示收入分配的不平等程度。洛伦茨曲线的理论含义是：将人口按收入由低到高排序，将人口累积百分比和收入累积百分比描绘在图形上，即得到洛伦茨曲线，表示每一个百分比人口所获得的相应百分比收入，如下图 7-1 所示。图中横轴表示累积的人口百分比，纵轴表示累积的收入百分比。横轴与纵轴最大刻度都是 100%，两轴正好围成一个正方形，正方形的对角线上的每一点都表示人口百分比等同于财富百分比，即财富分配是绝对平等的。对角线下方的曲线，即洛伦茨曲线，它把三角形分为 A 和 B 两部分，曲线上的点表示 50%人口获得收入 20%，80%人口获得收入 50%。这样的收入分配存在不公平现象。

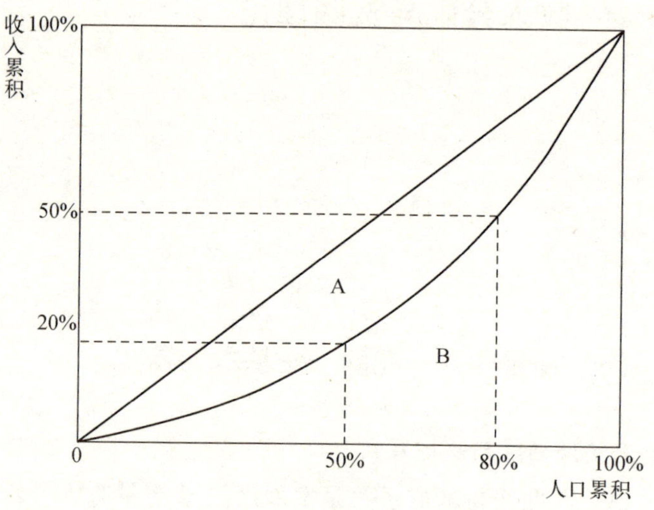

图 7-1 洛伦茨曲线

洛伦茨曲线越靠近四边形的对角线,表示收入分配越公平,越远离对角线表示收入分配越不平等。如果洛伦茨曲线与四边形的对角线重合,表示收入分配绝对平等,但这种可能性几乎不存在。一般来说,发达国家的洛伦茨曲线比较靠近对角线,发展中国家的洛伦茨曲线比较远离对角线。洛伦茨曲线可以比较直观地表达财富分配的公平程度。

在现实经济报道、新闻媒体中,人们常见到用洛伦茨曲线的百分比方法衡量财富分配状况,如最富有的10%的城市居民占有45%的财富,另外最贫穷的10%人口只有1.4%的财富,这种对城市居民财富分配的描述方法,就是使用洛伦茨曲线的百分比方法。

下述的例解一、二是我们较常见的评述财富分配方法,也是使用洛伦茨曲线。

例解一　2011年10月9日中国经济网讯

全球第二大市场调研和咨询公司索福瑞集团(Taylor Nelson Sofres，TNS)调查显示，除住房之外，可支配资产超过10万美元的家庭数量，美国几乎是中国和印度的10倍。全球80%的可支配资产超过10万美元的家庭都居住在西方工业国家。

除住房之外可支配资产超过10万美元的家庭数量，中国和印度分别为300万户左右，美国有3100万户。

例解二　2005年人类发展报告

中国20%的最贫困人口收入份额只有4.7%，而20%最富裕人口收入份额则高达50%。全球最富有的10%的人，几乎都住在高收入国家，其收入占全球总额的54%。

要使10亿每天生活费不到1美元的人跨越极度贫困线的门槛，就需要3000亿美元。这个数目仅占世界人口10%的最富有的人的收入的1.6%。

基尼系数是由意大利统计学家C·基尼在1912年首次提出，也被称为“基尼稠密系数”。基尼系数的计算是在洛伦茨曲线的基础上得出的。通过计算洛伦茨曲线与对角线的面积除以对角线与两轴围成的三角形面积而得到。用公式表示为：G=A/(A+B)。基尼系数值大小表示收入不平等程度，系数值越大，表示收入不平等程度越大。基尼系数为0，表示完全平等，这时的洛伦茨曲线就是对角线；基尼系数为1，表示完全不平等，即B是0，A=A+B，这时的洛伦茨曲线由纵横轴组成。一般情况是，分配高度不平等的国家的基尼系数通常在0.5到0.7之间，收入分配较为平等的国家在0.2到0.35之间。

相对而言，基尼系数在报刊、媒体或宣传资料中出现的频率更高些，人们似乎更习惯于使用基尼系数来衡量一个国家或地区的收入分配状态，特别是在发展中国家。中国自改革开放以来，随着GDP和人均收入的不断增长，财富分配的两级分化也呈现同向扩大，特别是城乡之间的收入差距增长更为突出，如图7-2所示。因此，提高农村居民的收入水平成为"十一五"规划以来的战略重点之一，如，取消农业税，建设社会主义新农村，新型城镇化建设，以及取消农业户口与非农业户口区分等。

2014年北京大学中国社会科学调查中心发布的《中国民生发展报告2014》指出，中国的财产不平等程度在迅速升高，2012年中国家庭净财产的基尼系数达到0.73，顶端1%的家庭占有全国1/3以上的财产，底端25%的家庭拥有的财产总量仅在1%左右。

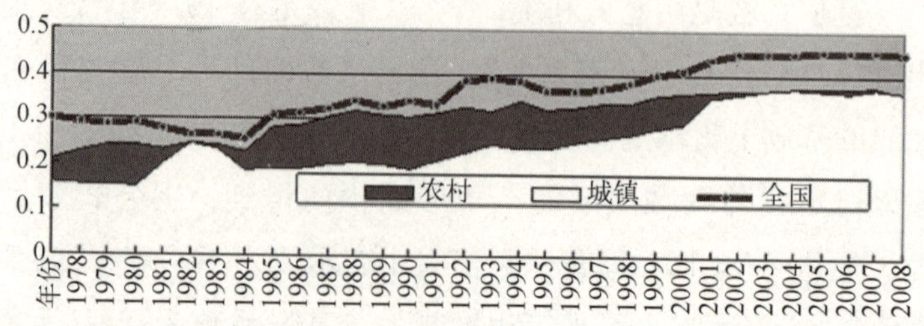

图7-2　1978—2008年中国城乡收入基尼系数变动趋势

> "There are only two families in the world, as my grandmother used to say: the haves and the have-nots."
>
> "我祖母常说道:世界上只有两个家庭,一个是家财万贯,一个是一无所有。"
>
> ——摘自(西班牙)米格尔·德·塞万提斯:《唐吉珂德》

二、库兹涅茨倒U型假说

图7-2展示了中国改革开放30年的收入分配(基尼系数)变动趋势,这是一个动态过程,在这个过程中,中国的GDP(或GNP)和人均收入是不断上升的,但图7-2隐蔽了1978—2008年间历年的GDP(或GNP)值。展示历年的GDP(或GNP)值与基尼系数之间的关系,可以使用库兹涅茨曲线来表达。

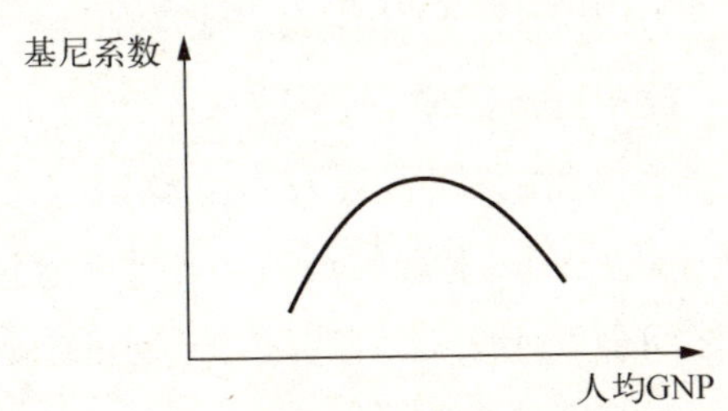

图7-3 库兹涅茨倒U曲线

经济学家西蒙·库兹涅茨(Simen Kuznets)在1955年提出了一个增长过程中收入分配变化规律的假说。该假说的理论含义是:经济增长早期阶段(贫穷)收入分配较为平等,随着经济的增长,收入分配不平等程度趋于上升;到经济增长后期阶段(富裕),收入分配不平等程度趋于下降。

中国自1978年以来人均收入(人均GNP)在不断上升,表现为库兹涅茨曲线的横轴是向右延伸的,图7-2中所展示的历年的基尼系数也是逐渐增长趋势,表现为在库兹涅茨曲线的纵轴是向上发展的,而且已经超过国际公认0.4的警戒线,这种总体呈现不断上升趋势,证明了库兹涅茨倒U型曲线的前半部分。中国未来的经济发展战略是要从"允许一部分人先富起来"走向"共同富裕",即缩小贫富差距,那么伴随着这一宏伟战略的实施,是基尼系数在人均收入的增长过程中不断缩小,这将表现为库兹涅茨曲线的后半部分。

中国的经济发展过程呈现出了类似库兹涅茨曲线的特点,但对中国收入差距扩大的原因分析,理论上有多种观点:① 经济改革或制度变迁论。居民收入差距长期变动表现为"倒U曲线",但不能只用库兹涅茨倒U假说解释,因为库氏假说是增长型,而中国还与体制改革紧密相关。② 城市化发展偏好论。改革开放以来,城乡收入差距的周期性变化主要源于城市利益集团的压力,以及地方政府城市倾向政策。③ 不当管理和政策论。宏观经济政策不平衡,不同地区、行业及所有制之间分配不公;国有资本产权约束软化,导致国有资产流失并为少数人牟取;非市场化完全竞争条件下的双轨体制,导致少数人暴富;对非法收入查处不严、打击不力,引发了收入分配不公的矛盾;再分配领域税收、公共支出政策对个人收入调控没有充分发挥。

有部分经济学家认为,从理论而言库兹涅茨假说是可以成立的。因为,一些贫穷国家在进行经济发展时,一般都要经历发展初期、发展后期这两个过程。在经济发展初期，国家以增长为主要目标，鼓励自由竞争和资本积累，少数人由于财产收入、个人才能与受到良好教育以及其他原因而变得越来越富有，而大部分人相对说来比较贫穷。同时，国家的政权往往掌握在富裕阶级的手里，这样，制定的方针政策必然有利于富人阶级而不利于穷人阶级，结果是人均收入差距在经济增长过程中不断扩大，呈现基尼系数向上增长与人均收入向右增长并存的趋势。在进入发展后期阶段，国民的教育水平普遍提高，参政议政意识增强，能组织起来形成抗衡集团，如成立工会和农民协会等，以争取自己的政治和经济权益，迫使政府当局采取一些有利于低收入阶层的政策，迫使资本家在增加工资方面作出让步，结果导致收入差别的缩小，呈现为库兹涅茨曲线的后半部分。

库兹涅茨不仅提出假说，而且还运用统计资料对其假说进行论证。他从英、美、德等 18 个国家的历史统计资料中，得出发达国家的收入分配不平等经历了一个先恶化而后改善的过程。倒 U 型曲线在英国经历 100 年，在美国和德国经历 60—70 年。但也有一些国家的经验事实具有否定库兹涅茨假说的倾向。库兹涅茨倒 U 假说激励了许多学者对其进行经验验证，由于国家类型的差异和数据区间选取的差异，有些检验结果否定倒 U 型假说，而有些检验结果支持倒 U 型假说。联合国发展计划署在 1996 年的《人类发展报告》中指出，日本和东亚都是公平发展形式的先驱者。这说明，并不是所有国家的经济发展都必然会遵循库兹涅茨倒 U 曲线规律，国家制度、发展战略及统计数据等都可能影响到库兹涅茨曲线的验证结果。

第二节　发展中国家贫困的基本理论

一、关于贫困的一些不同理解

一般而言，贫困是指家庭或个人所具有的衣、食、住、行等基本生活水平低于其所处社会最低生活标准的一种生存状态。人们对贫困的理解也有狭义和广义的区分。狭义上的贫困，是指经济上的贫困，指收入低下、物质匮乏，个人或家庭的生活水平达不到社会可以接受的最低标准。“最低生活标准”所需必需品的数量和内涵在不同时期、不同地区是不同的，它们随收入水平的增加而提高，因此有相对贫困和绝对贫困之分。广义的贫困除了经济含义外，还包括权利、能力、机会的被剥夺状态。

进入 21 世纪后，人们基本认同贫困是福利的被剥夺状态，贫困不仅是低收入、低消费、无住房，在教育、医疗卫生、营养以及人类发展的其他领域取得的成就较少，还包括尊严和安全感的缺失，面临风险时的脆弱性和恐惧感，对公共事务、活动没有发言权和缺乏影响力等，是权利、能力的贫困。

发展中国家的贫困群体具有一些基本经济特征：

(1) 地域特征。农村贫困程度比城市要高得多。农村地区、山区、少数民族地区，环境退化的地区，是贫困人口比较集中的地区，这些地区平均收入低下、社会服务和基础设施严重不足，从事农业生产或从事与农业相关的、技术含量不高的生产活动；从福利指标看，婴儿死亡率、安全饮用水，城市比农村要好。

(2) 性别特征。妇女、儿童(特别是女童)是贫困人口的主体。女性占贫困人口的大部分,女性在家庭的地位较低,工作、生活都比男人辛苦。

(3) 家庭规模。贫困群体的家庭人口数量往往比较多,高于平均的家庭成员数。家庭规模大,抚养小孩多,人均收入少,容易陷入贫困。贫困的灾难过多地落在青少年身上,难以得到足够营养和教育,成年后也难以摆脱贫困。

(4) 资产匮乏。贫困人口缺乏基本的生产性资产,如农用机具、农业机械等,他们常常是无地或少地的农民。条件恶劣的家庭一般无地或少地,或者拥有的是不毛之地。农村贫困家庭几乎都是无地或少地,城市贫困家庭普遍表现为自我雇佣或打工,收入波动性极大,极易受到气候变化和宏观经济波动的伤害。

二、关于贫困的一些基本概念

1. 贫困线

又叫贫困标准,在不同国家有不同的标准和解释。总的说来,贫困线是指在一定时间、空间和社会发展阶段条件下,维持人们基本生存所必需消费的物品和服务的最低费用;是一个国家或地区,为救助那些收入难以维持家庭基本生活需要者,而制定的救济标准或界限。

世界银行 1979 年提出贫困的营养标准,即每人每天摄入 2250 卡路里,如果低于这个标准,就会损害人们从事最低限度的必要活动的能力。1979 年联合国按照人均年收入 200 美元(按照 1970 年价格)为国际贫困标准。1990 年世界银行采用 370 美元(按 1985 年购买力平价)作为衡量各国贫困状况的国际通用标准,即人均日消费支出不超过 1 美元,简称为“1 美元/天”的贫困标准。同时,世界银行还确定了一个“2 美元/天”的高贫困线。2008 年 8 月世界银行将国际贫困线从 1 美元提升至 1.25 美元(按照 2005 年购买力平价),2015 年上调至 1.9 美元。

世界各国和地区的贫困线标准都不一样,根据经济发展水平不同各年份的贫困线都有所调整,富国的贫困线往往具有更高购买力,其采用的贫困线标准相对于穷国而言也更为慷慨。但富国确定的贫困线都是相对贫困线,而不是绝对贫困线。

2. 多维贫困指数

联合国 2010 年《人类发展报告》以“多维贫困指数”识别特定的个体、家庭或更大范围内的人群所遭受的贫困。多维贫困指数以三个维度十个指标,反映不同地区、不同少数民族的贫困发生率和贫困程度。三个维度是健康、教育和生活标准,十个指标是营养、儿童死亡率、受教育年限、儿童入学率、做饭用燃料、厕所、饮用水、电、屋内地面和财产,每个指标在其维度内都有相应的权重。该指数揭示了以贫困线为代表的传统货币测量方法所无法衡量的贫困程度。

3. 绝对贫困与相对贫困

绝对贫困又称生存贫困或物质贫困,指个人或家庭收入低于维持最低生存需要的收入水平,缺乏足够的资源来满足最低生存标准。绝对贫困是从生物学上人们对消费品的最低生存需要来定义和衡量的,是低于维持身体有效活动的最低指标的一种贫困状态,这种最低指标是勉强维持生存的标准而不是生活的标准。

绝对贫困人口一般是以最低生活保障线或贫困线为标准来划定的。在确定这种贫困线时，运用的是最大限度节俭的原则。在对家庭生活作最低指标的估计时，其原则是除了为维持身体健康而绝对必需购买的物品外，其他一切都不能包括在内，而且所有购买的物品必须是最简单的。相对贫困是比较而言的贫困，一方面是指随着时间变迁和社会生产方式、生活方式的演进，贫困标准亦发生相对变化；另一方面是指在同一时期相对于不同社会成员和地区之间差异而言的贫困。绝对贫困与生理需要有关，相对贫困与收入分配相关。

例解三　中国不同时代生活标准的描述

70 年代：手表，缝纫机，自行车；

80 年代：彩电，冰箱，洗衣机；

90 年代：空调，电话，录像机；

21 世纪：汽车、住房、出国（留学）

婚礼描述：50 年代一张床，60 年代一包糖，70 年代红宝书，80 年代三转一响，90 年代星级宾馆讲排场，21 世纪个性张扬。

例解四　世界文学史上四大吝啬鬼

葛朗台——小说《欧也妮·葛朗台》，法国，作者：巴尔扎克

泼留希金——小说《死魂灵》，俄国，作者：果戈里

夏洛克——喜剧《威尼斯商人》，英国，作者：莎士比亚

阿巴贡——喜剧《悭吝人》，法国，作者：莫里哀

虽然绝对贫困概念包含有“绝对”字眼，但不管是在哪个社会，人们都需要足够的食物、衣着与住房，但不同的社会对“足够”的标准不会完全一样，在一些社会里拥有一台电视机被称为“充实生活”的基本条件之一，但在另一些社会则不然。同样，最小限度的闲暇、获得科学教育的权利以及拥有私人交通工具，在某些社会被看成是最基本的生活需要，但在另一社会则不是。技术进步和生活水平的普遍提高对贫困会产生三个明显影响：第一，最初被视为奢侈品的消费品，后来被视为便利品或必需品；第二，社会组成方式的变化使穷人达到某个既定目标的成本被增加，如汽车的普遍拥有导致公共交通的退化。第三，社会标准的普遍更新，使穷人想办某些事的代价更高，如新住房标准要求必须配备卫生设备、保暖设备或空调设备，这就增加了住房成本。

因此，“绝对贫困”具有“相对”的含义。但“绝对贫困”与“相对贫困”的区分仍然是必要的。根本的区别是“绝对贫困”表现为生活上极为困难的状态，而相对贫困是指相对于平均生活水平而言的。绝对贫困人口必然属于相对贫困人口，但相对贫困人口不一定就是绝对贫困人口。所以，一个国家可以消灭绝对贫困，但永远不可能消灭相对贫困，除非一个社会在收入和财富的分配上是绝对的平均。

4. 能力贫困

能力贫困是指基本可行能力的剥夺而不仅仅是收入低下。它与权利贫困概念同属阿马蒂亚·森对发展理论的开创性贡献。森在 20 世纪 70 年代以来出版的一系列著作中提出，识别贫困的最普通做法是确定一个基本或最低生活必需品集合，把缺乏满足这些基本需要的能力作为贫困的检验标准。一个人的“可行能力”（capability）是此人有可能实现的、各种可能的功能性活动组合。可行能力是一种自由，是实现各种可能的功能性活动组合的实质自由。基本可行能力的剥夺可以表现为过早死亡、严重营养不良、长期流行疾病、文盲以及其他一些失败。影响能力剥夺的因素包括收入水平、公共政策、社会制度安排、经济不平等和民主程度等。

以能力界定贫困的理由是：第一，贫困可能是以能力被剥夺为特点的，能力从本质上讲是重要的，而低收入只有手段上的意义；第二，低收入不是对能力剥夺的唯一影响；第三，收入对能力的影响因社区、家庭和个人而有所不同。森的能力贫困研究受到联合国发展计划署的支持，联合国1996年《人类发展报告》正式提出“能力贫困”概念，将贫困视为创造收入的机会和能力的不足，并设立了能力贫困指标。能力贫困指标由三个指标构成：5岁以下体重不足的儿童比重、没有专业卫生员护理而出生的婴儿比重、45岁以下文盲妇女比重，这三个指标按照相等权重加总得到的一个平均数就是能力贫困指数。能力贫困指标是个反指标，指标越高，能力贫困越严重。按照这种方法，联合国发展计划署计算了101个发展中国家和地区的能力贫困指标，其结果是越穷的国家，能力贫困指标越高。

能力贫困与权利贫困两者存在密切关联性，个体权利缺失限制其获得和提升改善生活的能力，能力低下使其在表达利益需求和实现自己的利益上处于无力、无权利状态，在社会竞争中表现出经济利益的贫困性、生活质量的低层次性、承受能力的脆弱性、社会地位的边缘性以及享有资源的匮乏性。森提出五种基本工具帮助人们提高可行能力：第一，政治自由，确定应该由什么人执政而且按什么原则来执政的机会，拥有政治表达、出版言论及监督并批评当局的自由。第二，经济条件，个人分别享有的为了消费、生产、交换的目的而运用其经济资源的机会。第三，社会机会，在社会教育、医疗保健等方面所实行的安排，这些安排直接影响到个人选择更好的生活方式和实质自由的机会。第四，透明性保证，满足人们对信息公开性的需求，保证在信息公开和明晰条件下自由交易。第五，防护性保障，提供一个社会安全网，防止受到影响的人遭受更深重的痛苦，甚至陷入绝境。

把能力吸收到贫困定义中，大大扩展了缓解贫困可采用的政策工具范围，即使收入没有增加，采取各种政策来提高个人的健康水平，增加其吸收和交换信息能力，也能改善生活质量。将改善医疗、扩大教育的政策和项目与政府旨在促进投资和增长的行动结合起来，穷人得到的好处就更大。能力贫困已经成为贫困问题及减贫政策研究的核心和关键。

5. 权利贫困

是指作为公民应享有的政治、经济、社会、文化等基本权利被限制或剥夺所导致的一种低端生活状态。阿马蒂亚·森在其著作《贫困与饥荒》(1981 年)中，首次使用权利方法将饥饿、贫困视为“权利丧失”的结果。森把市场经济中典型的权利关系区分为四类：① 以贸易为基础的权利：一个人有权拥有通过自愿交易所得到的东西；② 以生产为基础的权利：一个人有权拥有自己的资源或在自愿的基础上使用雇佣来的资源所生产的东西；③ 自己劳动的权利：一个人有权拥有自己劳动的能力，并进而有权拥有与自己的劳动能力有关的以贸易为基础的权利，以及以生产为基础的权利；④ 继承和转移权利：一个人有权拥有他人自愿赠予他的东西。权利是一个人“利用各种能够获得的法定渠道以及所获取的可供选择的商品束的集合”，饥饿是一些人未能够得到足够的食物，而非现实世界中不存在足够的食物，饥饿的直接原因是个人交换权利下降，贫困不是供给不足而是权利不足。

20 世纪 90 年代以来森的权利贫困概念得到广泛支持和运用，并对权利贫困逐渐形成共识。贫困是一种基本权利的被剥夺，公民基本权利范畴包括自由权利、政治权利、社会经济权利、社会生活权利、获得救济的权利、公民平等权利等。但是，森也承认权利方法存在一定缺陷：第一，权利不容易被具体界定；第二，权利关系所重视的是一个社会既定法律框架中的权利，有些财产转移会涉及对这些权利的侵犯，比如抢劫或掠夺。第三，人们的实际食物消费水平低于他们的权利所允许的水平，可能还有其他原因，比如缺乏食欲。人们在研究权利贫困问题时，更多情况下是把它与能力贫困融合一起讨论。

收入贫困、能力贫困、权利贫困的关系，不是替代而是互补关系，从不同角度来诠释贫困。收入贫困从人类生存的最低物质需要来定义，是最直接的表现形式。政策主张是为穷人提供食品和其他必需品。能力贫困从个人获取生活资料的能力角度来定义，强调人的生存能力，即贫困的个人原因。政策主张是让穷人接受更多教育以获取生产技能、提供基本保健服务。权利贫困将政治、社会、文化等制度因素融入贫困概念，其中以社会排斥概念强调得最多，指出了贫困的社会根源。政策主张是减少、消除一切形式的不公正的社会排斥制度和政策，使穷人能够享受富人一样的社会各种权利。

它们共同把贫困归结为两种形式的剥夺，一是生理形式的剥夺，包括营养、健康、教育、住所等生理基本需要；二是社会形式的剥夺，包括脆弱性、无发言权、社会排斥等。收入影响能力，能力也影响收入；权利也一样，影响收入和能力，同时，收入和能力也影响权利。缺乏机会是贫困的重要原因，即使一个人身体健康，也有些技能，但由于社会排斥，缺乏挣钱的机会，陷于贫困之中。当然，如果一个人缺乏收入和能力，他最有可能遭到社会排斥。中国过去所实施的城乡隔离制度就是对农民的一种社会排斥，这种制度限制已大大放松，但还没有完全放弃，这是引起农民贫困的重要因素。

6. 长期贫困的特征

① 持久性。长期贫困一般是指五年后贫困人口仍然处于贫困状态。② 多元性。收入低下、物质匮乏、健康受损、营养不良、教育被剥夺、能力不足、社会政治排斥、缺乏尊严和安全。③ 代际传递性。代际传递既是贫困的特征，也是贫困的原因。如“富二代”“官二代”“穷二代”。代际传递的内容包括：人力资本、健康和营养、金融和实物资产、文化。比如监护人的时间和收入，监护人的教育水平、监护人的性别，家庭子女的数量，遗传性疾病等。④ 脆弱性。缺乏抵御风险的能力；不仅仅是一无所有，而且仅有的一点点东西也很容易失去；不仅是收入的脆弱性，还包括与健康相联系的风险，来自社会排斥的风险；还有内在的孤独无助、没有权力。

三、贫困对人们生活的不利影响

(1) 从人道主义角度:物质的缺乏直接影响到人的生存,造成人际交往中的不体面,失去对未来的希望。

(2) 贫困是较低人均收入及分配不平等产物,贫困作用于储蓄、投资和政治稳定性,进而影响经济增长。

(3) 由贫困所带来的营养不良、健康受损,从而造成的对劳动能力、经济增长的不利影响。穷人会因为持久能量赤字造成体重下降、营养不足、疾病缠身、劳动能力缺乏,甚至死亡;又会导致生产率和挣钱能力下降。

2011 年 12 月 17 日《凤凰网》报道:位于四川凉山彝族自治州喜德县则约乡中心小学,由于设施简陋、经费有限,学校还不能为学生提供午餐。于是,学生会用塑料袋捎上家里的隔夜饭在中午充饥,而大多数家庭贫困的学生一天只能吃上早晚两顿。对于该校 500 多学生来说,能吃上一顿热气腾腾的午饭已成为他们最大的期盼。

2012 年 10 月 15 日《中新网》报道:青海省玉树藏族自治州下拉秀镇高强村小学的学生们在校园里吃方便面,这是他们长期以来的午饭。

根据中国疾病预防控制中心营养与食品安全所的数据,中国贫困地区儿童生长迟缓率是城市儿童的六倍,维生素 A 缺乏率是城市儿童的四倍。世界四大营养缺乏病:缺铁性贫血、维生素 A 缺乏病、缺钙以及蛋白质能量不足,在中国贫困地区儿童身上均有体现。

(4) 贫困给穷人带来生活的恶性循环:低收入(或支出)→能量投入不足→能量支出不足→劳动能力缺乏→低收入(或支出)。

没有外力作用,穷人难以摆脱由这一循环决定的贫困陷阱。

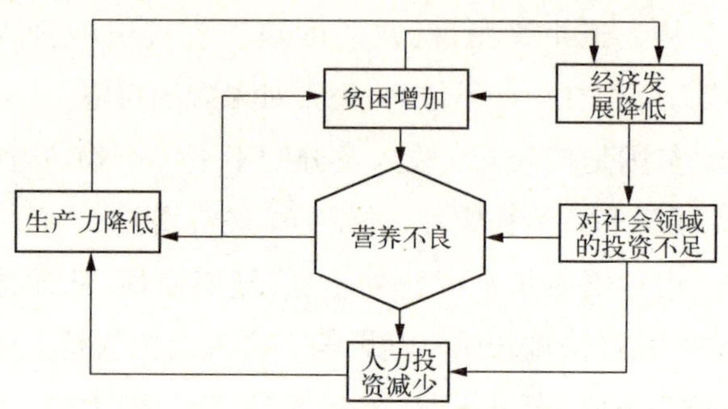

图 7-4 贫困的恶性循环

新闻摘录

根据 2011 年公布的《汤臣倍健国民健康报告》,近 10 年来我国居民超重率提高近 8%,超重率和肥胖率男性分别为 36.59%和 11.79%,女性为 25.20%和 7.49%,大大超过 2002 年全国营养调查的结果(22.8%,7.1%);骨骼健康状况也不容乐观,50 岁后男女骨质疏松发病率分别为 6.86%和 31.63%,与 2003—2006 年全国流行病学调查结果(男:14.4%,女:20.7%)比较,男性患病率下降,而女性增高;此外,约 41.57%的成人(男性 48.18%,女性 35.02%)患有动脉血管异常(包括动脉轻度硬化及动脉硬化),其中 13.19%的男性和10.68%的女性患有动脉硬化。几乎每两个人中就会有一个人存在营养健康问题。

资料来源:http://health.people.com.cn/GB/16674401.html

第八章　对外直接投资理论及中国的实践

第一节　几个主要理论

外商直接投资(Foreign Direct Investment, FDI)起始于20世纪60年代的美国等西方发达国家。根据国际货币基金组织(International Monetary Fund, IMF)定义,FDI指来自于一个国家或地区(母国)的投资者(包括自然人、法人或其他经济组织)到另一个国家或地区(东道国)境内创立新企业,或增加资本扩展原有企业,或收购现有企业,并以拥有有效管理控制权为目的的一种投资行为,该投资者需要拥有新公司至少10%的原始股份。"参与管理"揭示了"直接"的内涵,是FDI区别于间接投资的主要特点。公司或个人在国外期货市场、证券市场、衍生品市场的投资属于间接投资。联合国于1974年做出决议,采取对外直接投资战略的企业统一称为"跨国公司"(Transnational Corporation),主要是指发达国家以本国为基地,通过对外直接投资,在世界各地设立分支机构或子公司,从事国际化生产和经营活动的垄断企业。例如,2003年德国宝马集团和华晨中国汽车控股有限公司在沈阳组建华晨宝马汽车有限公司,业务涵盖BMW品牌汽车的生产、销售和售后服务，德国宝马控股50%，属于典型的跨国公司。2012年，华晨宝马在辽宁铁西投资10亿欧元新建工厂，负责生产宝马X1和3系轿车，德国宝马集团的出资属于外商直接投资。

一、垄断优势理论

由加拿大经济学家斯蒂芬·海默(S. Hymer)于1960年在麻省理工学院完成的博士论文《国内企业的国际经营：对外直接投资研究》中提出的"垄断优势理论"，是最早研究外商直接投资的理论。何谓"垄断优势"？通俗而言，即一个国家的企业到另外一个国家建立工厂进行生产时，必然会因为语言、文化、法律、经济体制等不同遇到诸多障碍，但该企业能够在海外成功经营并获取利润必定拥有一种其特有的、而当地企业并不具备的优势，能够确保其在异国的"垄断力量"，尤其是在不完全竞争的条件下。这种特殊的优势包括先进的技术、管理经验、品牌效应、雄厚的资本实力、特有的营销渠道以及实现大规模生产的能力等。

案例一　可口可乐的垄断优势

可口可乐作为风靡世界的碳酸饮料，其配方仍旧是该公司的最高机密，形成了可口可乐饮料在全球范围内进行生产的"垄断优势"。正如"股神"巴菲特1998年在佛罗里达大学做公开演讲时说：如果让消费者一天之内重复饮用其他碳酸饮料或果汁，会让人因"味觉记忆"

而产生麻木感甚至厌恶感，而可口可乐神奇的地方在于它没有味觉记忆，即使多次饮用，每一次的味道都一样的好，甚至让人上瘾。《可口可乐帝国》一书写到，知道可口可乐配方的全球只有不到 10 人，配方分成三个关键成分，分别由公司身份保密的三个高管掌握，其互相也并不知情，获得生产许可的海外工厂只能得到将浓缩原浆配成可口可乐成品的技术，而非配方。

资料来源：百度文库 http://wenku.baidu.com/link?url=eVlZPOgF1Z3ABmZ-RzDeNwQMCHd26dsKr5Tt6d8Ytpu-BNqPddS-KpLkxNny8hUhGamKZI_Bl56xmZp7Z6uDnZztSDk XIJRe5Jgsa3HTWL7

二、内部化理论

英国学者巴克利(P. Buckley)和卡森(M. Casson)于 1976 年在《跨国公司的未来》一书中提出了“内部化理论”(Internalization Theory)。该理论主要解释了为何拥有特定技术等垄断优势的跨国公司，会选择以建立海外子公司的形式在全球扩张，而不是把知识技术当成“商品”在外部市场上公开进行销售。

内部化理论思想的源泉，可以追溯到科斯(Coase)1937 年提出的交易成本理论：即由于市场的不完备性，企业通过一定的组织形式把原本通过市场的交易纳入到组织内部，由企业这一统一的管理机构来取代市场机制，从而节约如违约、知识产权缺乏保护、道德风险等市场交易成本。巴克利和卡森将这一企业存在的原理引入到解释跨国公司的存在。由于跨国公司的垄断优势主要集中在中间产品，例如知识产品、技术、专利、管理技能和品牌信誉等，跨越国界的市场由于经营环境差别较大，会导致中间产品市场跨境定价和交易机制难以统一，存在更多的信息不透明和不完全竞争，从而加大了企业通过外部市场跨国经营的交易、监管成本和风险。跨国公司是利润最大化的追求者，于是，为了减少外部交易的成本和风险，其倾向于把原来通过外部市场连接和组织的交易活动，纳入到公司组织内部，由统一的所有权控制，从而保证跨国公司长期中间技术产品的垄断优势地位。

案例二　福建查获造假窝点　耐克、李宁均被仿制

2014年10月中旬，福建省石狮市蚶江边防派出所获悉当地存在一处假冒注册商标的“黑窝点”，立即组织警力前往侦查。经过一个月的调查取证，发现该制假窝点以民宅为掩饰，秘密从事非法生产假冒注册商标服装活动。在确认情况属实后，该所派员对“黑窝点”进行依法检查，当场查获假冒“耐克”“李宁”等注册商标服装1.51万件，案值约300万元。涉嫌制造、销售假冒注册商标服装的犯罪嫌疑人龚某被警方抓获归案。

资料来源：2014年11月20日《中国青年报》

案例二说明由于知识产权缺乏保护等市场不完备性，导致著名品牌“耐克”、“李宁”等产品面临造假威胁，严重侵犯了品牌所有者的利益和消费者的权益。因此，跨国公司会采取对外直接投资的内部化跨境交易模式，来控制生产核心技

术等核心竞争力的外泄。

三、产品生命周期理论

产品生命周期理论(Product life cycle theory)是1966年美国哈佛大学教授雷蒙德·弗农(R. Vernon)首次提出,正如人的"生老病死"一样,产品也具有"诞生、成长、成熟、衰退"的市场寿命。该理论最开始用于分析上世纪60年代美国、西欧、发展中国家三类发展水平逐级递减的国家对外直接投资和参与国际贸易的情况。

由于当时美国经济和科技最发达,新产品往往"诞生"于美国,在这一阶段,较高的平均收入水平使美国居民追求高技术或者有创意的产品,而对购买价格并不敏感,由此,产品的生产和消费均发生在美国。

当产品进入"成长"阶段后,西欧国家的经济发展水平逐渐提升,有部分西欧消费者开始对从美国进口的产品感兴趣,需求日益提升,并且有少数当地厂商也开始加入同类产品的生产。

当产品的生产技术日趋"成熟",产品由新产品变成了大众消费的普通商品,成本替代了技术成为厂商关注的焦点,西欧国家如果单纯依赖从美国进口,已无法满足当地消费者的需求,为了节约运输和关税成本,美国企业在西欧建立工厂进行生产。

当产品进入"衰退"阶段时,成本是企业考虑的首要因素,美国和欧洲企业会选择在亚洲和拉丁美洲等生产成本更低的发展中国家建立工厂,用"再出口"的方式把产品销往全球。

案例三　美国施乐公司生产线的全球转移

美国施乐公司(Xerox)复印机产品的国际贸易模式演变和生产线的转移,是产品生命周期理论的典型案例。1961 年该公司推出了世界首台使用普通纸的自动办公复印机,主打美国本土市场。随后,施乐公司开始向日本和西欧发达国家出口。随着海外市场需求日益增加,施乐公司先后在日本和英国建立合资企业,主要满足当地需求。当海外子公司的生产规模日益扩大,美国减少了复印机的本国生产,开始从生产成本更低的日本进口复印机。当复印机制造技术日益普及后,施乐公司更注重生产成本,于是又将生产线转移到成本更低的新加坡和泰国等亚洲发展中国家,而发达国家的消费者主要依靠"再进口"。

资料来源:《跨国管理:理论、案例分析与阅读材料》(第 4 版),中国财政经济出版社,2005 年版。

根据弗农的理论,在改革开放初期,由于廉价的劳动力和较低的土地成本,外资跨国公司会把处于"衰退阶段"的产品或零部件生产转移到中国,建立"再出口"平台。此时中国珠三角沿海一带大多从事这种"三来一补"的加工出口贸易。

案例四　东莞—加工贸易之都

广东省东莞市加工贸易企业在上世纪 90 年代中后期被冠以"加工贸易之都"。来自欧美、日本、台湾、香港等国家和地区制造业跨国公司纷纷通过外包、绿地新建、合资企业等模式，通过“出口核心零部件、设计图纸或者原材料—东莞组装或加工”，在东莞建立以“出口为导向”的加工工厂。如当时，全球11亿件毛衫中，有8亿件在大朗镇生产；全球1/5的服装制造在东莞；全球每10双运动鞋就有一双产自东莞，超过30%的玩具在东莞生产。曾有玩笑称，“东莞打喷嚏，全球电脑市场就感冒”。

资料来源：《东莞寻路加工贸易转型》，《财经》2014年第17期，第88页。

四、折衷范式理论

英国学者邓宁（J. Dunning）1988年根据从事对外直接投资跨国公司的特点和其投资目的地的宏观经济特征，创建了被广泛应用的“折衷范式”理论（Eclectic Paradigm），该理论融合了垄断优势理论、内部化理论。

该理论的核心是，只有当一家公司同时拥有所有权优势（Ownership advantages）、内部化优势（Internalization advantages）以及通过投资目的地的经济特征获取区位优势（Location advantages）时，才会进行对外直接投资。通俗地讲，公司的所有权优势，即公司独占的无形资产所产生的“垄断优势”，以及受公司规模、融资能力影响的规模经济优势。无形资产包括专利、商标、信息资源、销售渠道、组织管理能力、创新能力等。世界500强的大型跨国公司都具有特定的所有权优势。例如，可口可乐的独特配方和品牌效应、沃尔玛的庞大供给和销售渠道、苹果公司的创新能力和市场营销技能、大众汽车遍布全球的大规模生产流水线等。

内部化优势建立在巴克利和卡森所提出的“内部化理论”基础之上，即当一家公司拥有所有权优势后，为了规避市场不完善带来的风险和经营成本，倾向于采取内部化的经营模式。例如，建立由母公司控制的海外子公司，不是简单地采用许可证或外包的形式进行生产，这一通过内部化所获得的优势可以巩固公司的所有权优势。

案例五　微软在华建立研发机构

微软公司从1992年在北京设立第一个代表处以来，制定了在中国的长期投资和发展战略。经过20多年的发展，目前在上海、广州、成都、南京、沈阳、武汉、深圳、福州、青岛、杭州、重庆、西安等地均设有分支机构，业务覆盖全国。微软在中国拥有自己的科研、销售机构，而且大多数都是由母公司拥有完全控制权。公司对技术的保护和输出都有严格的规定，始终依靠自己的技术垄断优势来获得最大的竞争优势。例如，微软大中华区全球技术支持中心、微软亚洲研究院等都是技术内部化的典型案例。如果在外部市场上交易核心技术，存在技术外泄的风险，因此，微软通过各种方式将自己的技术内部化，同时，将涉及到该项技术的生产活动控制在公司内部完成，从而减少了与外部企业进行交易获取技术的诸多交易费用，降低了公司在他国的经营成本和风险。

资料来源：根据微软官网整理

然而，所有权优势和内部化优势，是公司对外直接投资的必要条件，因为同时具有这两种优势的公司可以通过国内生产规模、增加出口的方式扩大全球市场份额，只有当一个国家或地区的经济特征与公司所在母国相比，能够给公司带来更多的优势时，对外直接投资才会发生，即东道国所拥有区位优势是对外直接投资产生的充分条件。区位优势一般指要素禀赋优势，例如，优越的地理位置、丰富的自然资源、完善的基础设施、充足的廉价劳动力供给、日益增加的市场需求、积极的引资政策等。不同国家和地区的区位优势影响公司在全球范围内的生产布局和投资建厂的厂址选择。

五、“小规模技术”理论

美国经济学家威尔斯(L. Wells)在1977年发表的学术论文《发展中国家企业》中首次提出了“小规模技术”理论。有别于发达国家的大型跨国公司所具有的规模经济效应，发展中国家的企业拥有为小规模市场服务的生产技术。例如，低成本生产要素、较高的灵活性，适合小规模生产，能满足低收入国家或消费群体对制成品市场的需求，这种具有劳动密集型特征的技术是发展中国家企业的竞争优势。此外，发展中国家的中小民营企业在对外投资时，往往重视“宗族团体”，依靠亲戚血缘关系等形成经营、生产网络，增加企业的生产品种多样化和灵活性，形成跨国经营的优势群体。

案例六　温州人在意大利

意大利是欧洲乃至世界时装之都，温州商人凭借灵活的经营理念和吃苦耐劳的精神，在意大利的零售和服装业开辟了一片天地，物美价廉、品种丰富是温州商品的主要特点，满足了当地普通消费者的需求。2009 年 3 月，温州商人徐家驹在意大利的第二家经营面积超过 1500 平方米的新时代商场，在意大利海滨城市佩斯卡拉市附近正式开业，把温州的优质服装、鞋类产品推向意大利零售市场。徐家驹表示，在海外商业圈立足，一定要研究当地主流社会商业企业不同的经营模式，再根据自己的特长，尽快在经营战术和战略上实现本地化。新时代商场就大量雇用了当地的意大利人担任营业员，由他们向当地消费者推介来自中国的、高质量的时尚商品和传统商品，让消费者认可并接受中国制造的商品。

普拉托(Prato)位于意大利中部，距离意大利文化复兴城市佛罗伦萨仅 10 多公里，人口 20 多万，是欧洲著名的纺织品集散地。伊欧楼和达沃拉工业区现在已有 95%的企业被华人并购。温州华人买下工厂，聘来意大利或欧洲服装设计师画草图大样，打样出来后，立刻裁布缝衣，生产速度快，价格便宜，交货迅速，让旁边的意大利工厂纷纷停业。除了当地服装设计师外，工厂上上下下全是华人，布料多半由中国进口，制作出来的衣服全都贴上 Made in Italy。这些物美价廉的服饰卖到欧洲各地，销路很好，订单不停涌入，工厂几乎全天候在运转，有的衣服甚至再卖回中国大陆或亚洲。

资料来源：http://www.wenzhou.gov.cn/art/2009/8/20/art_8830_106917.html

在威尔斯小规模技术理论的基础上，英国学者拉奥(S. Lall，1983 年)则强调，发展中国家企业对引进技术不仅具有模仿和简单的改造，而是进行了消化、吸收和创新，并与发展中国家的生产要素相适应，提升企业的竞争优势。随后，英国学者坎特威尔和托兰提诺(Cantwell and Tolentino，1991 年)提出了第三世界国家企业技术创新升级理论。该理论强调技术创新是一国企业成长和产业发展的动力，由于技术起点落后于发达国家，发展中国家企业只有利用学习效应，对技术不断累积，提升技术水平，从而提升企业进行对外直接投资的能力。

案例七　华为的全球扩张和技术累积

华为进入国际市场初期利用"厚积薄发"的原理，非常重视技术优势对 IT 企业的影响，通过在海外直接建立研发机构、与世界著名通信领域跨国公司合作建立战略联盟、大规模的研发投入比率等发展路径，巩固了其在业界世界领先技术的地位，也形成了核心竞争力中的最重要环节。

从 1999 年在印度班加罗尔建立研究中心以来，其陆续在德国、瑞典、英国、法国、意大利、俄罗斯和中国建立了23家直属母公司的研发中心，保证了公司能够在全球主要通信发达市场获取最新的技术和市场信息。此外，采用“技术互补互利”战略，2003年与3Com公司、2004年与西门子公司、2007年与Symantec公司成立合资研发机构，在节省了研发的成本和时间外，拓展了技术领域、提升了技术水平。同时，华为还与西欧主要电信运营商构建20多个研发战略联盟，如英国电信、沃达丰、意大利电信、法国电信等。通过合作伙伴对当地消费市场的了解，战略联盟针对不同的消费群体共同研发和设计新产品，成功地把研发成果进行商业化转发，为企业带来利润，同时也巩固了在欧洲市场的地位。

资料来源：“华为公司实施国际化持续增长的关键因素分析”，林汉川、张新民主编，《中国企业国际化经营报告2010》，中国商务出版社。

六、投资发展周期理论

继折衷范式之后，邓宁1981年提出了投资发展路径理论（Investment Development Path theory，IDP），以宏观经济为背景，把一国经济发展水平和在国际直接资本流动中的地位联系起来。

IDP理论认为，一国的经济发展水平影响该国在国际直接资本流动中的地位。邓宁用一个国家的人均国民生产总值（GNP）衡量经济发展水平，用该国人均对外净投资额（NOI）（即对外直接投资与吸引外商直接投资的差额）体现其在国际直接资本流动中的地位，当一国 GNP 逐渐提高，NOI 将沿着一种特定的路径变化（如图 8－1 所示）。

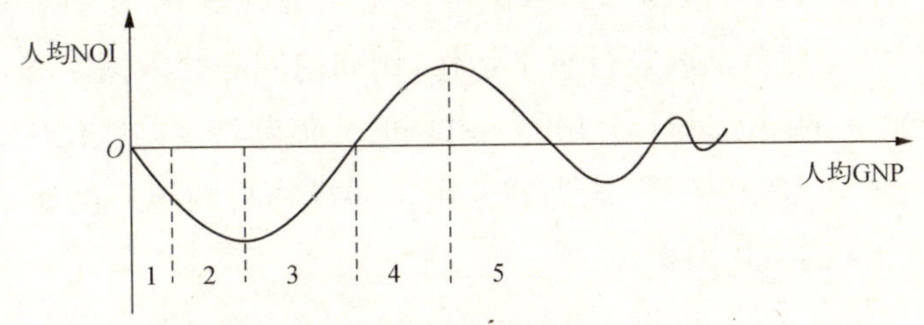

图 8－1　邓宁投资发展路径的五个阶段

资料来源：陈涛涛等：《（2012）投资发展路径（IDP）理论的发展与评述》，《南开经济研究》2012 年第 5 期。

邓宁根据 1967—1975 年的经济数据，对于处于 IDP 前四个阶段的国家人均 GNP 给予了取值范围：处于第一阶段的国家人均 GNP 在 400 美元以下；处于第二阶段的国家人均 GNP 在 400—1500 美元之间；处于第三阶段的国家人均 GNP 在 2000—4750 美元；处于第四阶段的国家其人均 GNP 在 2600—5600 美元之间。其中第三阶段和第四阶段的人均 GNP 范围有重合，说明在投资发展阶段后期，一国的投资行为不能仅仅通过人均 GNP 来解释，同时需要考虑更多的因素，例如，该国的经济或资源禀赋特征，是资源丰裕国家还是工业化国家。当两个国家的经济发展处于相近水平，往往工业化国家倾向于对外直接投资，而资源禀赋富裕的国家会更多地吸引外资。

随着经济全球化的日益推进，邓宁先后于 1986 年和 1996 年对 IDP 路径进行了延伸，提出了第五个阶段（如图

8-1所示)。在这一阶段,一国的人均对外净投资额围绕零值水平线波动,即一国的资本流入和流出金额相近。与前四个阶段相比,该阶段一国的经济发展水平对其国际直接投资水平影响大大减弱,此时,该国可能凭借更多的"所有权优势"在全球范围内进行资本运作,例如向同等收入国家和较低收入的国家进行对外投资,并同时凭借其特定的区位优势(技术、管理经验等)成为其他国家的投资目的地。例如20世纪末的发达国家。

第二节 外商直接投资对中国经济发展的影响

在折衷范式理论框架下,邓宁进一步通过大量案例分析,把企业跨国经营或生产的动机概括为四大类,即资源导向型、市场寻求型、效率寻求型和战略资产寻求型。这四种类型较全面地解释了经济全球化推进过程中跨国公司对外直接投资的原因(如表8-1所示)。

表8-1 跨国公司对外直接投资的四大动机

动机类型	主要内容	举　例
资源寻求	企业为了寻求自然资源或者丰富而廉价的劳动资源从而选择合适的国家和地区建立海外子公司。	① 上世纪90年代一大批制造业跨国公司在珠三角地区建立工厂。2008金融危机后,部分公司面临成本压力,同时,中国劳动力和原材料成本上升,以耐克为例,将工厂搬至劳动力相对便宜的东南亚国家。 ② 中石油、中海油等能源企业在非洲和拉丁美洲的投资,通过能源公司内进口,满足国内生产的需要。

续　表

动机类型	主要内容	举　例
市场寻求	企业以巩固、扩大和开辟市场为目的，在东道国和地区建立子公司，满足当地市场需求。	① 立顿公司为了满足中国消费者的消费习惯，在中国建厂，生产草本袋泡茶。 ② 上世纪 90 年代，法国雪铁龙汽车公司在湖北建立了生产车间和合资企业，随后，一批法国汽车零部件供应商陆续来到湖北开设分公司，满足当地需求。
效率寻求	企业为了实现利润最大化，把其产业链的不同环节分配在不同国家和地区，主要由当地的要素条件和成本决定。	苹果公司根据各个国家和地区比较优势，把不同的生产环节分布在各地：加州总部负责产品研发，德国、日本和韩国公司负责核心零部件，富士康公司负责组装，从而提升公司利润和生产效率。
战略资产寻求	为了获得东道国先进技术、生产工艺和管理经验，品牌特定的销售网路等，一个企业会选择在当地建立研发中心，或者寻找合适的企业形成战略联盟，或者通过并购形式迅速获得战略资产。	① 联想集团收购 IBM 个人笔记本电脑业务，一方面，联想可以借助 IBM 的国际影响力和销售渠道，进入国际市场；另一方面，IBM 获得资金，把精力集中在其他核心技术部门。 ② 2009 年 3 月，美国辉瑞制药公司与北京大学医学部共同建立"北大——辉瑞定量药理学研究中心"。

资料来源：参考 Dunning(1988)，Dunning and Lundun(2008)。

一、跨国直接投资对中国的影响

1. 增加固定投资

1996 年我国 FDI 流入量占固定投资比率高达 11.6%，近年来虽有所下降，但也维持在 4%左右。FDI 的流量和存量为中国资本累积做出了较大贡献。同时，外资克服了中国金融体制的一些不足，为企业、尤其是民营企业注入了资金。

2. 解决部分剩余劳动力就业

珠三角和长三角是我国改革开放的现行地区，外资企业为大量农村闲置劳动力进入制造业做出了积极的贡献。以广东省为例，2013 年底注册外资企业为 100639 家，占全国总量的近 1/4；2011 年，该省制造业外资企业和港澳台企业就业人数分别占全国同类就业人数的 23.6%和 43.7%。

3. 促进出口

改革开放初期，中国吸引外资的优惠政策、丰富的廉价劳动力资源、较低的土地租金以及劳动密集型产业的工业基础，吸引了大量制造业外资企业。这些企业以中国为“再出口”平台和“世界工厂”。据海关总署统计，2013 年外资企业出口金额和进口金额分别为国有企业的 4.2 倍和 1.75 倍；2014 年，外企企业外贸总额显著高于国有企业，仍然以“出口导向”为主要战略。

4. 带来技术资源和带来全新的商业和管理模式

据统计，2007 年制造业外资企业（包括港澳台企业）设立科技机构个数占全国总量的 26.5%，工程技术人员占全国总量的 23.1%。同时，外资企业给中国带来了全新的商业和管理模式，这是中国企业所缺乏的，通过对外企商业模式的仿效和学习，为中国企业融入全球经济、提升国际竞争力奠定了基础。

不能否认 FDI 对中国经济发展所起到的积极促进作用。然而，作为 FDI 主要载体的跨国公司是利润最大化的追逐者，发展中国家的利益则是国民经济的发展，因此，这两种利益很容易存在不调和。目前，我国在吸引外资上主要存在以下问题。

(1) 加剧了区域经济发展不平衡。区域分布不均是中国利用外资最显著的特点。从1985—2012年间，东部地区吸引外资占全国每年实际利用外资总额的80%以上，而中部地区仅占10%左右，西部地区只有5%左右。自1999年起，为了缓解区域经济的差距和促进西部地区经济发展，我国政府开始推行西部开发政策，其中对于外资企业的优惠政策包括：优惠税率，如外资企业所得税从2001—2010年为15%（东、中部地区为33%）；外资企业最低注册金额为3000万元（东部地区为5000万元）；外资企业的管理运营期限延长至40年（东、中部地区为30年）等。随后，又于2004年3月推出了中部崛起的经济战略，目的在于重振中部传统制造业，尤其是重工业，及在高、中技术领域发展，加强企业和科研院所的合作。然而，上述一系列政策措施并没有有效地缩小区域差异，"东—中—西"阶梯式差距依然存在，外资并没有呈现大规模向内部省份迁移的趋势。

(2) 贸易条件未得到改善。中国被称为"世界工厂"，从1980年开始，工业制成品出口占中国商品出口总额的百分比直线上升，2012年高达95.09%，与初级产品所占比重的差距逐渐增大。经济学中一般用商品贸易条件来衡量一个国家的进出口现状。贸易条件用P_x/P_m表示，P_x和P_m分别代表出口商品和进口商品的价格基数（把某一基期的价格设为100），如果P_x/P_m变小，则一国贸易条件恶化。例如，如果一国出口商品价格比进口商品价格相对下跌，为了维持原来的进口水平，该国需要在出口品产业中投入更多的资源，以保证有更多的产品可以出口。反之,如果 P_x/P_m 变大,则贸易条件改善。图 8 - 2 描述了中国 1990—2010 年出口价格指数、进口价格指数和贸易条件的变化趋势。

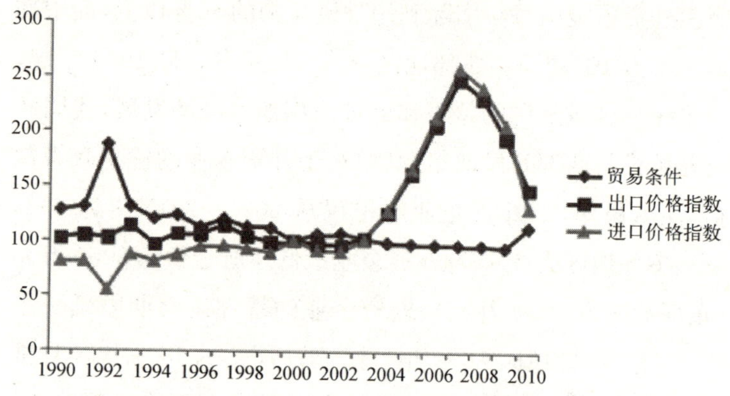

图 8 - 2　中国贸易条件变化趋势(1990—2010)

资料来源:根据《中国统计年鉴》、海关数据整理。

如图 8 - 2 所示,2002 年以后,我国的贸易条件逐渐恶化,2008 年全球性金融危机爆发后,发达国家消费市场出现疲软,2009 年贸易条件到达低谷。根据海关总署统计数据整理,我们发现,从 2013 年 1 月至 2014 年 11 月期间,在华外资企业仍然以"出口导向"为主要战略,除 2014 年 2 月进口和出口额相近外,其他月份均呈现贸易顺差。对出口市场的过度依赖以及外资企业的战略导向并未改善我国的贸易条件。

(3) 对资源环境的破坏。据统计,中国加工贸易出口额约占出口总额的 50%,而外资企业是加工贸易的主体。作为世界工厂,中国出口能耗和碳含量较高的产品,承担了生产这些产品的碳排放成本。部分学者分析证实:现阶段,在华外资与二氧化碳排量存在一定关联，尤其是从事加工组装的低端制造业企业，给碳排放带来压力（牛海霞和胡佳雨，2011年）。因此，如何提升引资质量、限制外资流向“三高”（高污染、高能耗、高成本）产业，同时，引入清洁项目和低碳项目的外资将关系到可持续性经济发展。

（4）制造业面临“空心化”威胁。改革开放初期“低技术劳动密集型”战略，使得大量中国本土企业通过以出口加工为主的形式，“低环嵌入”跨国公司全球价值链。然而，这类中国企业并没有掌握生产所需核心技术，随着中国劳动力成本的不断升高，特别是在2008年美国次贷危机和2011年欧洲债务危机爆发后，部分欧美制造业跨国公司把高端制造环节撤回到母国、把低端环节由中国转移至东南亚国家，使中国制造业面临“空心化”威胁（刘志彪，2011年，张向晨，2012年）。

案例八　中国制造业成本优势不再

根据《华尔街日报》的报道，2008年以来，“中国大陆制造业的平均工资水平已累计上升71%”。以富士康的深圳工厂为例，从2010年起，连续涨了好几次工人的基本工资，工人每月的基本工资从2010年6月以前的每月900元，增长到了2012年5月的2200元。除劳动力成本外，其他要素成本也在不断增加，而越南等东南亚国家的成本优势逐渐显露。例如，美国耐克公司位于中国的代工厂在2007财年生产了35%的耐克品牌的鞋类产品，而越南、印度尼西亚、泰国的代工厂分别为耐克公司生产了

31%、21%和12%的耐克品牌鞋类产品。到了2010财年,越南代工厂所占的比例上升为37%,中国以34%的份额位居第二,印度尼西亚和泰国所占的比例分别是23%和2%。"越南制造"凭借其成本优势取代了"中国制造",一跃成为耐克品牌全球最大的运动鞋生产基地。墨西哥也成为中国制造业的一个对手:墨西哥不但吸引到了西门子、克莱斯勒等跨国公司到它那里建厂,还在悄无声息的情况下,"突袭"了中国对美洲的出口额度,甚至极有可能抢占我们在全球的订单。2009年,中国商品占美国制成品进口额的29.3%,但到了2012年,这个数字下降到了26.4%。再看墨西哥,2005年,墨西哥商品占美国制成品进口额的11%,但到了2012年这个数字上升到了14.2%。可以说,我们失去的美国订单几乎都被墨西哥抢去了。

资料来源:中财网2015年11月16日《郎咸平:第四次产业转移后,中国还能剩下什么》。

(5) 对中国企业的"威胁"。跨国公司虽然给中国带来了资本、技术和管理经验,但是,其雄厚的资金实力、强大的市场力量、先进的技术等所形成的所有者优势,往往抑制了东道国企业的发展机遇。

二、中国吸引外国直接投资的现实状态

1978年12月召开的第十一届三中全会制定了改革开放政策,自此,中国消费者的生活方式发生了巨大变化,世界著

名跨国公司纷纷抢占中国市场，从生产到销售、甚至到技术研发，我们都可以看到外资企业的身影。2002年党的十六大召开，《政府工作报告》第一次指出“实施‘走出去’战略是对外开放新阶段的重大举措”。近年来，越来越多的“中国品牌”跻身欧美市场，如Lenovo笔记本、华为手机和无线网卡、海尔家用电器。据联合国《世界投资报告2015》统计，2014年，中国实际利用外资金额达1290亿美元，已稳居世界第二大引资国。同年，中国对外直接投资金额达1160亿美元，成为世界第三大对外投资国。这一系列数字证实：中国已从一个经济开放程度相对落后的发展中国家，一跃成为全球市场最具活力的大国。

1. 总体趋势

图8-3描述了从1985—2014年中国每年实际利用外

资金额的趋势变化。

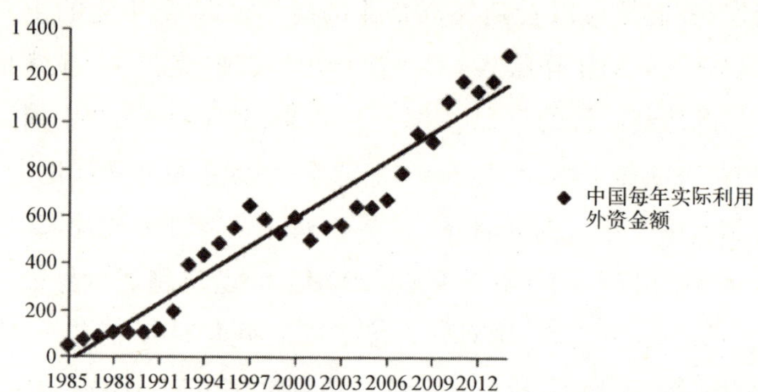

图 8-3 中国实际利用外商直接投资趋势(1985—2014)(单位:亿美元)

数据来源:联合国贸易和发展委员会(UNCTAD)FDI 数据库(www. unctad. org/fdistatistic)

如图 8-3 所示,中国吸引外商直接投资呈现上升趋势,2014 年实际利用外资金额是 1985 年金额的 27.6 倍。

图 8-4 描述了 1995 年至 2014 年中国三大产业吸引外资所占全国实际利用外资总金额的比率。

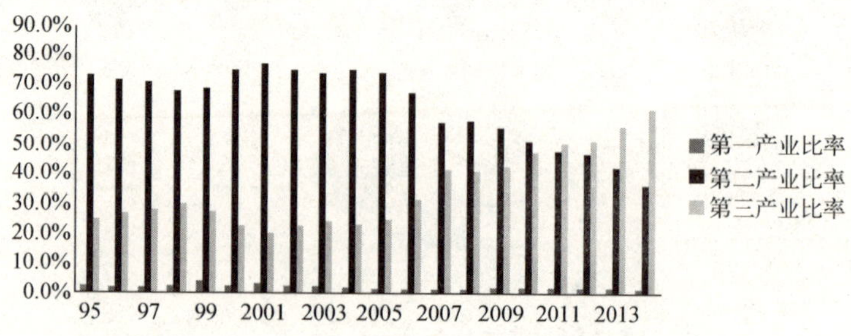

图 8-4 中国三大产业吸引外资比率(单位:%)

数据来源:根据 1995—2013 年《中国统计年鉴》数据计算。

2010 年之前,第二产业(包含制造业)稳居第一大引资产业,2005 年引资比率超过 70%,但从 2006 年开始下滑,尤其是2008年欧美国家爆发的次级贷款和金融危机对制造业吸引外资形成了冲击，第二产业引资比率快速下降，到2014年仅有36.45%。第三产业从2005年后引资比率出现上升趋势，2011首次超过50%，2014年超过60%。第三产业包括了交通运输、批发零售、房地产、金融业和计算机软件服务业等。随着中国基础设施的不断完善和信息化技术的发展，以及金融行业逐渐对外开放，第三产业成为中国吸引外资的新引擎，2013年占GDP比重也超过了其他两大产业。

2. 外资来源国家和地区

图8-5显示了中国从1985—2014年实际利用外资的主要来源地和相应投资金额。

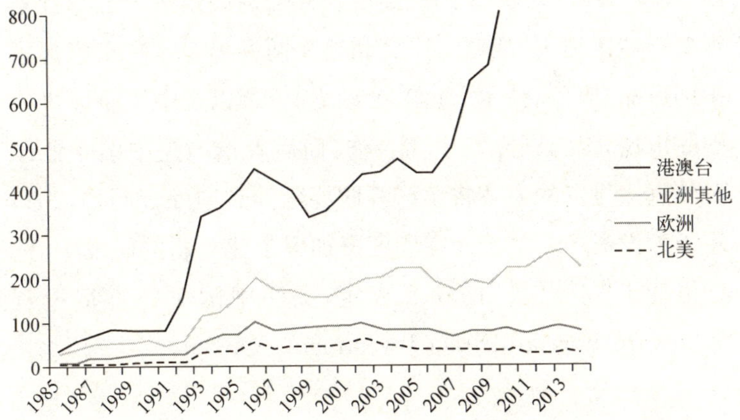

图8-5 中国FDI主要来源地和对应投资金额(单位:亿美元)

说明:北美包含美国和加拿大;欧洲包含英国、德国、法国、荷兰、意大利、西班牙和瑞士;亚洲其他包含日本、韩国和新加坡。

数据来源:根据1985—2013年《中国统计年鉴》计算。

港澳台资本是中国内地外资主要来源，并持续增长。日本、韩国和新加坡三大亚洲国家在中国的投资呈现平稳，位于第二方阵。欧洲主要国家和北美的FDI金额从1992年后维持在相对稳定的水平，是中国的第三大外资来源地。除港澳台地区外，欧亚美三大地区在华投资2014年较2013年呈现小幅下降趋势。

第三节　中国资本步入其他国家的实践

自2000年第十五届五中全会首次提出"走出去"战略、并把其列为中国四大经济发展新战略之一以来，"走出去"战略上升到"关系我国发展全局和前途的重大战略之举"的高度，并于2001年写入《国民经济和社会发展第十个五年计划纲要》。"走出去"战略有广义和狭义两种界定。广义指促进中国产品、服务、技术、资本、劳动力、管理以及中国企业进入国际市场，参与国际竞争与合作，而后者指的是中国企业以对外直接投资的方式将生产等职能延伸到国外。例如，2014年华为投资1.4亿美元在印度班加罗尔建立新的研发中心。这里基于"走出去"的狭义界定，关注中国对外直接投资(Outward Foreign Direct Investment，OFDI)。

一、中国"走出去"的主要原因

1. 宏观原因

(1) 国家经济实力提升。在2014年11月召开的"中国企业国际化论坛首届年会"上，龙永图指出，中国经济实力提升是使中国企业“走出去”成为必然的国家经济因素。中国已经成为世界第二大经济体，国外市场对中国企业的认可程度提升，与来自有发展潜力国家的企业合作意愿逐步增加。

(2) 外汇储备丰富。中国强大的外汇储备为中国企业走出去提供了稳定、丰富的资金支持。中国外汇储备居全球第一，然而海外资产只有英国、法国的1/3，美国的10%，因此，如何通过中国企业在海外投资，把大量外汇储备变成资产，是国家层面的重要战略。

(3) 实行全方位的对外开放政策。政府制定了一系列支持中国企业走出的战略和政策，为企业对外直接投资打造新载体。例如，建立21世纪海上丝绸之路和丝绸之路经济带(即“一带一路”)。

(4) 国际经济局势的变化。2008年由美国次贷危机引发的全球性金融危机，使中国企业国际化经营的环境发生了巨大变化。一方面，由于欧美发达国家受经济危机冲击，导致购买力下降，影响我国制造业企业的出口；另一方面，一些国外企业由于全球经济发展进入低谷，面临财务危机，为中国企业“走出去”寻找合作伙伴提供了机会。一些欧洲国家需要中国的资金和技术，帮助当地经济复苏，创造就业岗位和更多的政府税收。全球投资贸易自由化进程加快，例如，全球自由贸易区、双边自由贸易区的建立，使得中国企业对外直接投资更加便捷。

2. 微观原因

“价值链延伸”是中国企业对外直接投资的微观层面的主要原因(姚枝仲和李众敏，2011年)。

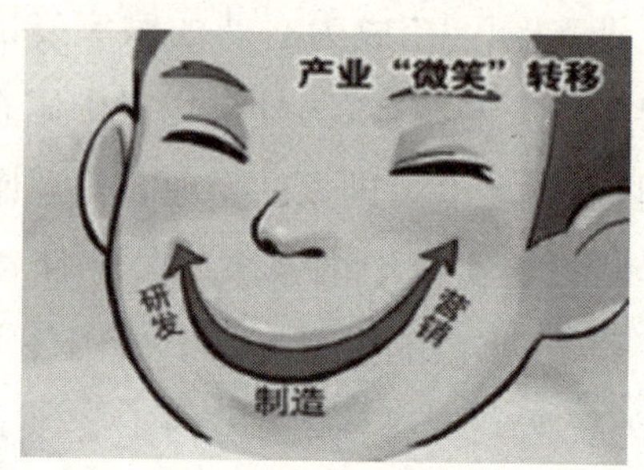

(1) 向产业链上游发展的内在动力。改革开发至今的30多年,中国制造业虽然取得了很大进步,也越来越深入地融入到跨国公司全球生产网络中,然而,在价值链的上游生产活动,如能源、研发、设计等环节,中国企业并不具有竞争优势,这些优势往往集中在国外。因此,为了获得上游战略资产,同时避免市场外部性风险和冲击,中国企业采用OFDI等"内部化"战略,跨国建立生产活动,在全球范围内整合资源,使公司的价值链向上游延伸,获取更大的增加值。例如,在截至2012年年底的对外投资存量中,中国对能源和资源行业的对外投资占非金融业对外直接投资总额的16%。

此外,国内生产成本的上升、对环保的重视等加剧了企业的生产和运营管理成本,这也加大了中国企业需求技术升级的动力,如通过并购国外高技术企业,获取产业链上游的先进技术。联想并购IBM、北汽并购萨博、吉利并购沃尔沃等大型并购案,也充分反映了中国企业对先进制造技术的需求。

(2) 向产业链下游发展的动力。中国企业同样也有向产业链下游延伸的动力。中国企业出现产能过剩,因此需要更大的全球市场。然而，中国制造业企业的出口，在很大程度上依靠国外跨国公司的销售网络，或者香港贸易公司作为中间商所发配的订单，在国际竞争中缺乏自身的销售和服务网络，阻碍了企业通过产业链下游的销售环节获取利润。此外，较高的对外依存度增加了企业进一步投资的风险，影响企业利益。随着中国企业"走出去"步伐的加速，中国企业对进一步投资的收益和降低对外销售网络依存度的需求增高，于是，在国外构建自己的营销网络（即产业链向下延伸）的需求也日益增加。据统计，在 2012 年中国对外投资存量中，中国在租赁和服务产业以及批发和零售产业的对外投资，分别占对外直接投资总额的 33%和 12.8%。

二、中国"走出去"的主要特点

1. 总体趋势

图 8-6 表述了中国在过去 10 年内对外直接净投资额的变化趋势，以及在各个大洲的分布情况。除了 2008 年金融危机后有小幅回落外，中国每年对外直接投资额迅速增长。2004—2006 年，中国在拉丁美洲的投资额位于五大洲之首，从 2007 年开始，亚洲国家和地区每年吸收的金额最多。2003—2010 年间，中国对外直接投资年平均增长速度达到 49.9%。2004 年，中国对外直接投资相当于全球对外直接投资流出总量的0.9%，而 2012 年，该比重达到15.4%，名列全球国家（地区）第三位，仅次于美国和日本。

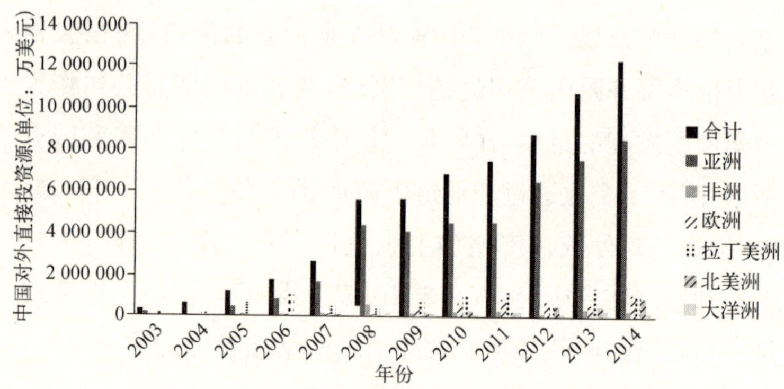

图 8-6　中国对外直接投资趋势图(2003—2012)

资料来源:根据 2003—2012 年的《中国统计年鉴》数据整理。

2. 产业分布

中国对外直接投资的行业分布日趋多元化,遍布 19 个国民经济行业类别,但重点行业集聚程度较高。以 2012 年为例,存量在 100 亿美元以上的行业有:租赁和商务服务业、金融业、采矿业、批发和零售业、制造业、交通运输和仓储邮政业、建筑业,这七大行业累计投资存量达 4913.7 亿美元,占中国对外直接投资存量总额的 61%。与发达国家对中国的直接投资大量集中在制造业不同,中国对外直接投资有一大部分集中在第三产业和采掘业。

3. 投资方式

中国企业对外直接投资最主要的方式为跨国并购,尤其是 2007 年全球金融危机过后,中国企业海外并购事件大大增加。其中,2010 年的海外并购事件最多,达 150 起,而海外并购最高金额出现在 2008 年,达到 379.41 亿美元。2011 年我国跨国并购金额占对外直接投资总流量的 52.8%。

表 8-2　2012 年十大跨国并购事件

事　　件	并购金额(亿美元)	公司母国
三一重工收购德国普茨迈斯特	4.2	中国
瑞士嘉能并购矿商超达集团	320	瑞士
法国天然气完全收购英国国际电力	110	法国
雀巢收购辉瑞营养品公司	118.5	瑞士
大连万达收购美国 AMC 影院公司	26	中国
美国伊顿并购库珀工业公司	130	美国
中海油并购加拿大尼克森公司	151	中国
日本软银收购美移动运营商斯普林特	201	日本
中国财团收购国际飞机租赁公司	52.8	中国
洲际交易所并购纽约证券交易所	82	美国

资料来源：新华网 http://news.xinhuanet.com/world/2012-12/27c_114174599.htm

根据表 8-2 的统计信息，2012 年全球最大十个跨国并购事例中有四个是由中国公司主导，其他则由来自欧美日发达国家的公司发起。

根据 IDP 理论，图 8-7 描述了中国 1991—2012 年人均净对外直接投资（人均 NET）与人均国民生产总值（人均 GNP）之间的关系。

截止 2012 年，中国人均净对外直接投资虽然小于 0，但是对照图 8-8，中国 IDP 整个路径趋势正由第二阶段迈向第三阶段。从 2000 年“走出去”战略被明确提出后，中国对外直接投资的增长速度已持续超过吸引外资的增长速度。根据 IDP 理论，处于第二阶段的国家人均收入水平逐渐提高，市场需求增大，开始吸引外资企业通过直接投资的方式到当地进行生产，同时，伴随着经济发展，处于初级产业或者

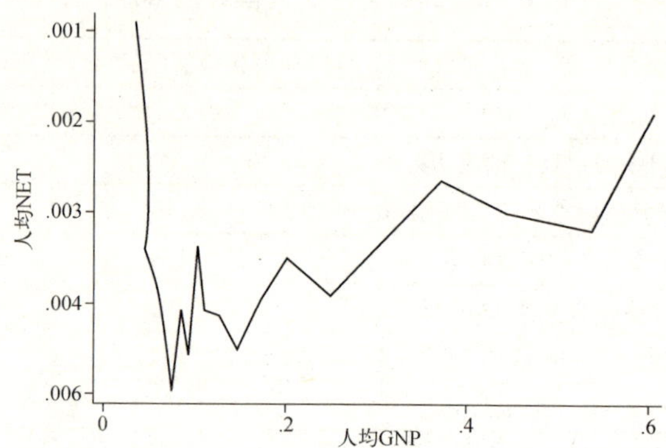

图 8－7　中国对外投资发展路径(IDP)(1991—2012)(单位:万美元/人)

数据来源:1991—2012 年的《中国统计年鉴》。

支柱性产业的国内企业的所有权优势开始累积,加上政府政策激励,少许龙头企业考虑对外投资。位于第三阶段的国家虽然对外净投资开始出现增长,但仍旧小于零。在这一阶段,吸收外资增长率放缓,外资企业需要对该国日益增加的高档品需求,调整投资产业结构和领域。而国内企业由于前两个阶段经济发展的积累,累积了一定的资本和技术,所有权优势得到迅速提升,国内市场出现饱和趋势以及劳动力成本上升,部分国内企业会到经济发展水平落后于母国的国家投资建厂,寻求劳动成本和市场;同时,部分企业会向经济水平和母国相当或更高的国际进行投资,为的是开发市场和获取战略资产。

4. 雁型模式和边际产业转移理论

日本学者赤松要(Kaname Akamatsu)在 1932 年根据日本棉纺工业的发展特征,提出了“雁型模式”理论(Flying Geese Theory)。该理论以后发国家参与国际贸易和国际分工为研究对象，与产品生命周期理论有相似之处。

该理论的核心内容为：与欧美西方发达国家不同，20 世纪 30 年代以日本为代表的东亚后发国家，由于初期缺乏先进的制造技术，会从欧美等技术先进国家进口产品，即参与国际分工的方式往往经历：从进口（M）到国内生产（P）再到出口（X）的模式（M→P→X）三个阶段。如图 8－8 所示，这三个阶段在图上标出，犹如三只大雁展翅飞翔。

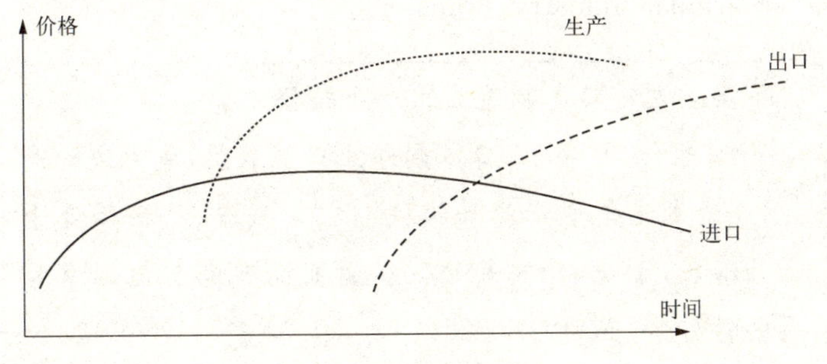

图 8－8　雁型模式

纺织业是日本制造业现代经济增长的入口，从明治维新至 20 世纪 30 年代前后，日本制造业以纺织业为主体，取代了英国纺织业在全球的地位，成为当时世界最大的纺织品生产国和出口国。

在“雁型模式”的基础上，另一位日本学者小岛清（Kojima）根据 60 年代末日本企业参与国际生产的特点，把该模式延伸至一个全周期循环：M→P→X→OFDI—M，即日益增加的出口（X）促进日本企业进行对外直接投资（OFDI），随后再从东道国进口产品（M）。由于自然资源和劳动力供给的局限性，日本企业从出口转移到对外直接投资往往发生在处于“比较劣势”(comparative disadvantage)的产业，即边际产业(marginal industry)。例如廉价劳动密集型产业、资源密集型产业等，日本企业会把处于这些产业的大规模生产活动转移至周边发展中国家和地区，然后通过“再进口”的方式把制成品运回本国市场消费，本国的企业会把资金、技术和人力资本，集中在具有比较优势的产业或者生产环节，例如电子产品的研发、设计等。这一现象被称为“边际产业转移”(Marginal Industry Transfer)。

案例九　日本制造业的产业转移

20世纪60年代，日本制造业日益衰落，成为边际产业，而资本密集型产业如钢铁、化工、汽车、机械等处于上升阶段，于是，日本开始把纺织业向亚洲其他国家和地区转移。“亚洲四小龙”(香港、台湾、新加坡、韩国)的劳动密集型产业已具备一定基础，具有低成本且高素质的劳动力资源，成为日本纺织业转移的理想选择。承接日本产业转移后，亚洲四小龙开始实施以出口为导向的发展战略，很多纺织产品通过“再进口”进入日本市场，1987年日本纺织产品贸易首次出现赤字。

资料来源：《日本战后经济转型和产业转移的成功之道》，《中国工业评论》2015年1月9日。

上述雁型模式的延伸被广泛地用于分析东亚国家外向型经济模式。不同于日本，韩国和中国台湾地区更倾向通过吸引外资(FDI)来帮助当地企业提升生产技术和管理经验，从而促进出口，即“M—FDI—X”。韩国和中国台湾地区这种借助外资促进生产的方式是一种更开放的经济发展模式，与日本相对保守的开放模式相比，更能够节约产品前期研发等的投入时间和成本。从这个层面上来看，中国吸引外资的动机更接近于韩国和台湾地区。近年来，随着中国劳动力和自然资源成本的提高，中国企业的成本比较优势逐渐减弱，产业结构调整和产业升级是目前我国经济发展的主要目标之一，因此，通过对外直接投资转移产能过剩、或者是处于“比较劣势”产业的部分生产职能，可以使国内企业的资本和人力投入到附加值更高的生产环节或者新兴产业上去。

案例十　中国制造业向非洲迁徙

韩国《中央日报》发表一篇题为《“世界工厂”中国将制造业基地大举迁到非洲的最大原因》的文章，整体分析了中国制造业向着非洲大迁徙的现象，认为中国对非洲展开建设社会基础设施来开发资源式的投资，已经发展到下一个阶段——投资制造业。作为“世界工厂”的中国将制造业基地大举迁到非洲，其中最大的原因就是人力。埃塞俄比亚首都亚的斯亚贝巴外围设有中国企业华坚的工厂。该公司是位于有“世界鞋城”之称的广东东莞最大的鞋业制造公司，2012 年在埃塞俄比亚成立了工厂。埃塞俄比亚工厂现有 3500 名职员，去年生产了 200 万双鞋。大部分是向 NineWest 和 GUESS 等美国品牌供货，张华荣会长一年有一半以上的时间是停留在埃塞俄比亚。未来计划投资 20 亿美元，雇用 5 万名以上工人，将埃塞俄比亚作为欧洲和北美的销售基地。

非洲当地职员的操作熟练度和生产效率较低。据世界银行称，他们的生产效率只有中国工人的一半。但非洲的人力资源弥补了生产效率的差距，甚至多雇用两三人还能赚取利润。之前华坚工厂的埃塞俄比亚职员平均拿 40 美元的工资，这只是中国当地职员的 1/10。而且位于南非开普敦的中国家电企业海信也是雇用了两倍以上的职员来达成生产目标。在组装生产冰箱和平面电视的海信中国工厂，一般是一人负责一台机器；而在开普敦工厂则是两人负责一台机器。但《华尔街日报》采访的工厂负责人载利·利乌(音)表示，“一步一步来就能实现目标值”。像这样不紧不慢，不光是因为人力费，还因为中国企业可以获得附加效果，那就是将“中国制造”变成“非洲制造”。对于美国和欧洲国家为牵制中国给制定的各种规制，可以用“埃塞俄比亚制造”或“南非制造”来突破。

资料来源：《世界工厂转移　中国制造业行业基地大举迁往非洲》，中国日版网 2014 年 9 月 26 日。

跨国并购是中国 OFDI 的主要形式，许多大型的并购项目都是由国有企业主导。据统计，从 2004 年开始，由中央和地方各级政府主导的对外直接投资占中国 OFDI 总额的 80％(Gugler and Boie，2008)。然而，中国企业的每一大笔跨国并购案都会受到西方媒体和学者的抨击，认为其存在“非经济因素”。一部分评论基于对东道国利益的影响，例如，与绿地新建相比，跨国并购给东道国带来的就业机会更少，不利于缓解当地社会问题；另一部分评论则主要针对中国 OFDI 中政府的力量（Globerman and Shapiro，2009）。例如，2005 年，中海油公司尝试并购美国 Unocal 石油公司，但是由于公司是国有企业而遭到美国政府的反对（Andreff，2013）。华为公司并购美国 3 Leaf Systems 的失败也是由于美国政府担心“国家安全”问题。2013 年初，英国财政部前经济学家、英国智库首席经济学家 Robin Bew 在接受《中国商业周刊》的采访时指出：跨国并购的主导因素必须是经济因素而非政治因素，并且应该是由公司而非政府来完成。《经济学家》（The Economist）杂志 2010 年也指出，由于一些非透明的因素，中国企业在海外投资被视为对西方国家的威胁。有些学者提出，与民营企业和外资企业相比，国有企业在融资方面具有优势，例如低成本贷款和软预算约束，这成为中国企业“走出去”的所有权优势（Yao and Wang 2013，Buckley et al.，2007，Voss et al.，2008）。

参考文献

Andreff, W. (2013). Comparing outward foreign direct investment strategies of russian and chinese multinational companies: similarities and specificities. *EAEPE Conference—Beyond Deindustrialisation: The Future of Industries*, Paris, November 7 – 9.

Buckley, P. and Casson, M. (1976). *The future of multinational enterprises*, Palgrave Macmillan Press.

Buckley, P. J., J. Clegg, A. Cross, P. Zheng, H. Voss, and X. Liu. (2007). The Determinants of Chinese outward foreign direct investment. *Journal of International Business Studies*, 38(4):499 – 518.

Dunning, J. (1988). The eclectic paradigm of international production: a restatement and some possible extensions. *Journal of International Business and Studies*, 19(1):2 – 5.

Dunning, J. H. (1981). Explaining the international direct investment position of countries: Towards a Dynamic or Developmental Approach. *Weltwirtschaftliches Archiv*, 117(1):30 – 64.

Dunning, J. H., Lundan, S. M. (2008). *Multinational enterprises and the global economy*, Edward Elgar Publishing.

Globerman, S. and Shapiro, D. (2009). Economic and strategic considerations surrounding Chinese FDI in the United States. *Asia Pacific Journal of Management*.

Gugler, P. and Boie, B. (2008). The Emergence of Chinese FDI: Determinants and Strategies of Chinese MNEs. Conference *Emerging Multinationals: Outward Foreign Direct Investment from Emergingand Developing Economies*, Copenhagen, Denmark.

Issues[C]. In John H. Dunning, Rajneesh Narula, eds. *Foreign direct investment and governments: Catalysts for economic* restructuring. London and New York: Routledge, 1996: 1 - 38.

Stephen H. Hymer(1976). The article presents an overview of the book. The International Operations of National Firms: A Study of Direct Foreign Investment, *Foreign Affairs*, 2: 103 - 104.

Vernon, R. (1966). International investment and international trade in the product cycle, *The Quarterly Journal of Economics*, 80 (2): 190 - 207.

Voss, H., Buckley, P. and Cross, A. (2008). The impact of home country institutional effects on internationalization strategy of Chinese firms. *The Multinational Business Review*, 18(3), 25 - 48.

2007 *World Investment Report*[EB/OL]. http://www.unctad.org.

阿马蒂亚·森. 以自由看待发展[M]. 北京：中国人民大学出版社，2002.

阿马蒂亚·森. 理性与自由[M]. 北京：中国人民大学出版社，2006.

阿马蒂亚·森. 贫困与饥荒[M]. 北京：商务印书馆，2004.

白永秀. 西部大开发五年来的历史回顾与前瞻[J]. 西北大学学报. 哲学社会科学版，2005，35(1).

车维汉. 发展经济学[M]. 北京：清华大学出版社，2006.

陈涛涛，张建平，陈晓. 投资发展路径（IDP）理论的发展与评述[J]. 南开经济研究，2012，(5).

范恒山. 大力促进中部地区崛起若干重大问题的思考[J]. 宏观经济管理，2013(1).

淦未宇，徐细雄，易娟. 我国西部大开发战略实施效果的阶段性评价与改进对策[J]. 经济地理，2011，31(1).

高波，张志鹏. 发展经济学：要素、路径与战略[M]. 南京：南京大学出版社，2008.

关权. 发展经济学——中国经济发展[M]. 北京：清华大学出版社，2008.

郭熙保. 发展经济学[M]. 北京：高等教育出版社，2011.

郭熙保主编. 发展经济学经典论著选[M]. 北京：中国经济出版社，1998.

国家统计局. 历年《中国统计年鉴》[M]. 北京：中国统计出版社.

国家统计局贸易外经统计司. 2007 中国贸易外经统计年鉴[M].

北京:中国统计出版社,2008.

洪银兴.现代经济学大典[M].经济科学出版社,2016.

胡长顺.中国工业化战略与国家安全[M].北京:电子工业出版社,2015.

黄群慧,李晓华.中国工业发展"十二五"评估及"十三五"战略[J].中国工业经济,2015,(9).

霍夫曼.产业结构问题研究[M].北京:中国人民大学出版社,1997.

姜四清,王姣娥,金凤君.全面推进东北地区等老工业基地振兴的战略思路研究[J].经济地理,2010,30(4).

金碚.稳中求进的中国工业经济[J].中国工业经济,2013,(8).

李金华.德国"工业4.0"与"中国制造2025"的比较及启示[J].中国地质大学学报.社会科学版,2015,35(5).

李鹏飞."十二五"时期的中国工业——"中国工业发展论坛"综述[J].中国工业经济,2012,(12).

李忠民.发展经济学——中国经验[M].北京:高等教育出版社,2011.

林汉川,张新民.中国企业国家化经营研究报告[M].北京:中国商务出版社,2010.

林季红.跨国企业管理案例[M].北京:中国人民大学出版社,2013.

林毅夫.新结构经济学[M].北京:北京大学出版社,2012.

刘义圣,李建建.发展经济学与中国经济发展策论[M].北京:社会科学文献出版社,2008.

刘志彪.重构国家价值链:转变中国制造业发展方式的思考[J].世界经济与政治论坛,2011,(4).

卢进勇等.国际经济合作理论与实务[M].北京:高等教育出版社,2013.

陆大道.东西部差距扩大的原因及西部地区发展之路[J].中国软科学,1996,(7).

迈克尔P.托达罗.发展经济学[M].北京:机械工业出版社,2009.

毛其淋,许家云.中国企业对外直接投资是否促进了企业创新[J].世界经济,2014,(8).

牛海霞,胡佳雨.FDI与我国二氧化碳排放相关性实证研究[J].国际贸易问题,2011,(5).

彭刚,黄卫平.发展经济学教程[M].北京:中国人民大学出版社,2007.

齐良书.发展经济学[M].北京:中国发展出版社,2002.

钱纳里,赛尔奎因.工业化和经济增长的比较研究[M].上海:上海三联书店,1995.

谭崇台.发展经济学[M].太原:山西经济出版社,2001.

谭崇台.发展经济学[M].北京:人民出版社,1985.

谭崇台.发展经济学概论[M].武汉:武汉大学出版社,2001.

谭崇台.西方经济发展思想史[M].武汉:武汉大学出版社,1993.

王小刚,鲁荣东.库兹涅茨产业结构理论的缺陷与工业化发展阶段的判断[J].经济体制改革,2012,(3).

王业强,高春亮.促进中部地区崛起的政策反思及调整方向[J].区域经济评论,2014,(2).

魏后凯,孙承平.我国西部大开发战略实施效果评价[J].开发研究,2004,(3).

西蒙·库兹涅茨.各国经济增长[M].北京:商务印书馆,1995.

西蒙·库兹涅茨.现代经济增长[M].北京:北京经济学院出版社,1989.

姚枝仲,李众敏.中国对外直接投资的发展趋势与政策展望[J].国际经济评论,2011,(2).

于洪主编.《发展经济学》[M].大连:东北财经大学出版社,1999.

于同申.发展经济学:新世纪经济发展的理论与政策[M].北京:中国人民大学出版社,2002.

余东华,胡亚男,吕逸楠.新工业革命背景下"中国制造2025"的技术创新路径和产业选择研究[J].天津社会科学,2015,(4).

张培刚.农业与工业化[M].武汉:华中科技大学出版社,2004.

张培刚.新发展经济学(修订版)[M].郑州:河南人民出版社,1999.

张向晨.美国重振制造业战略动向及影响[J].国际经济评论,2012,(4).

张晓平.改革开放30年中国工业发展与空间布局变化[J].经济地理,2008,28(6).

周天勇.新发展经济学[M].北京:经济科学出版社,2001.

教育部哲学社会科学研究普及读物书目
（有*者为已出书目）

2012 年度

《马克思主义大众化解析》　陈占安

*《马克思告诉了我们什么》　陈锡喜

《为什么我们还需要马克思主义——回答关于马克思主义的 10 个疑问》　陈学明

《党的建设科学化》　丁俊萍

*《〈实践论〉浅释》　陶德麟

《大学生理论热点面对面》　韩振峰

*《大学生诚信读本》　黄蓉生

《改变世界的哲学——历史唯物主义新释》　王南湜

《哲学与人生——哲学就在你身边》　杨耕

*《人的精神家园》　孙正聿

*《社会主义现代化读本》　洪银兴

《中国特色社会主义简明读本》　秦宣

《中国工业化历程简明读本》　温铁军

《中国经济还能再来 30 年快速增长吗》　黄泰岩

《如何读懂中国经济指标》　殷德生

*《经济低碳化》　厉以宁　傅帅雄　尹俊

《图解中国市场》　马龙龙

*《文化产业精要读本》　蔡尚伟　车南林

*《税收那些事儿》　谷成

*《汇率原理与人民币汇率读本》　姜波克

*《辉煌的中华法制文明》　张晋藩　陈煜

*《读懂刑事诉讼法》　陈光中

*《数说经济与社会》　袁卫　刘超

*《品味社会学》　郑杭生等

*《法律经济学趣谈》　史晋川

《知识产权通识读本》　吴汉东

《文化中国》 杨海文
*《中国优秀礼仪文化》 李荣建
*《中国管理智慧》 苏勇 刘会齐
*《社交网络时代的舆情管理》 喻国明 李彪
*《中国外交十难题》 王逸舟
《中华优秀传统文化核心理念故事新编》 张岂之
*《敦煌文化》 项楚
*《秘境探古——西藏文物考古新发现之旅》 霍巍
《民族精神——文化的基因和民族的灵魂》 欧阳康
《共和国文学的经典记忆》 张文东
*《中国传统政治文化讲录》 徐大同
*《诗意人生》 莫砺锋
《当代中国文化诊断》 俞吾金
*《汉字史画》 谢思全
*《“四大奇书”话题》 陈洪
*《生活中的生态文明》 张劲松
《什么是科学》 吴国盛
*《中国强——我们必须做的100件小事》 王会
*《我们的家园:环境美学谈》 陈望衡
《谈谈审美活动》 童庆炳
《快乐阅读》 沈德立
《让学习伴随终身》 郝克明
《与青少年谈幸福成长》 韩震
*《教育与人生》 顾明远
*《师魂——教师大计师德为本》 林崇德
《现代终身教育理论与中国教育发展》 潘懋元
*《 我们离教育强国有多远》 袁振国
《通俗教育经济学》 范先佐
《任重道远:中国高等教育发展之路》 李元元

2013年度

《中国国情读本》 胡鞍钢
《法律解释学读本》 王利明
《中国特色社会主义经济学纵横谈》 顾海良
*《走向社会主义市场经济》 逄锦聚 何自力
《走中国自己的政治发展道路》 梅荣政

《发展经济学通俗读本》 谭崇台
*《“中国腾飞”探源》 洪远朋等
*《社会主义核心价值观的“内省”与“外化”》 黄进
《什么是马克思主义，怎样对待马克思主义——马克思主义观纵横谈》 高奇
《中国特色社会主义“五位一体”总布局研究》 郭建宁
*《国际社会保障全景图》 丛树海 郑春荣
《社会保障理论与政策解析》 郑功成
《从封建到现代——五百年西方政治形态变迁》 钱乘旦
《GDP 的科学性和实际价值在哪里》 赵彦云
《社会学通识教育读本》 李强
《传情和达意——语言怎样表达意义》 沈阳
《生活质量研究读本》 周长城
*《做幸福进取者》 黄希庭 尹天子
《外国文学经典中的人生智慧》 刘建军
《什么样的教育能让人民满意》 石中英
《正说科举》 刘海峰

2014 年度

《“中国梦”的民族特点和世界意义》 孙利天
《“中国梦”与软实力》 骆郁廷
《走进世纪伟人毛泽东的哲学王国》 周向军
《社会主义核心价值观与我们的生活》 吴向东
《中国反腐败新观察》 赵秉志
《中国居民消费——阐释、现实、展望》 王裕国
《从公司治理到国家治理》 李维安
《“阿拉伯革命”的热点追踪》 朱威烈
《中国制造的全球布局》 刘元春
《从小康走向富裕》 黄卫平
《中国人口老龄化与老龄问题》 杜鹏
《重塑中国经济版图：区域发展战略与区域协同发展》 周立群
《钓鱼岛归属真相——谎言揭秘(以证据链的图为主)》 刘江永
《走入诚信社会》 阎孟伟
*《美国霸权版“中国威胁”谰言的前世与今生》 陈安
《如何认识藏族及其文化》 石硕
《中国故事的文化软实力》 王一川
《文化遗产的古与今》 高策
《课堂的革命》 钟启泉
《大学的常识》 邬大光

《识字与写字》 王宁

2015 年度

《我们为什么需要历史唯物主义》 郝立新
《全面建设小康社会中的农民问题》 吴敏先
《法治政府建设的基本原理与中国实践》 朱新力
《走向全面小康的民生幸福路》 韩喜平
《我们时代的精神生活》 庞立生
《习近平话语体系风格读本》 凌继尧
《为什么南海诸岛礁确实是我们的国土?》 傅崐成
《生活在"网络社会"》 陈昌凤
《中国古代发达的农业和农业文明》 贺耀敏
《你不能不知道的刑法知识》 王世洲
《从安纳伯格庄园到中南海瀛台——构建中美新型大国关系的故事》 倪世雄
《如何提高创新创业能力》 赖德胜
《身边的数据会说话》 丁迈
《中国与联合国》 张贵洪
《中国特色的佛教文化》 洪修平
《敦煌与丝绸之路文明》 郑炳林
《艺术与数学》 蔡天新
《走近档案》 冯惠玲
《中华传统文明礼仪读本》 王小锡
《重建中国当代伦理文明与家教门风》 于丹
*《文化兴国的欧洲经验》 朱孝远
《中国人民伟大的抗日战争》 陈红民
《心理学纵横谈》 彭聃龄
《教育振兴从校园体育开始》 王健
《核心素养:教育领域综合改革的方向》 靳玉乐